Fliesen legen

Der Profi-Heimwerker

Christian Pessey
Marcel Guedj

Fliesen legen

In Zusammenarbeit
mit Anne Laurence
und Michel Beauvais

Callwey

Die Originalausgabe erschien 1987 unter dem
Titel »Carrelage« im Verlag CIL/Hachette, Paris

Übersetzung aus dem Französischen
von Cornelia Berg-Brandl

Alle Anleitungen wurden sorgfältig erprobt – eine
Haftung kann dennoch nicht übernommen werden

Die Deutsche Bibliothek – CIP-Einheitsaufnahme
Fliesen legen / Christian Pessey; Marcel Guedj.
In Zusammenarbeit mit Anne Laurence und Michel
Beauvais. [Übers. aus dem Franz. von Cornelia
Berg-Brandl]. – 3. Aufl. – München: Callwey, 1996
   (Der Profi-Heimwerker)
   Einheitssacht.: Carrelage <dt.>
   ISBN 3-7667-1224-1
NE: Pessey, Christian; Guedj, Marcel; Berg-Brandl,
Cornelia [Übers.]; EST

Inhalt

Materialien

Die Wahl der Kacheln oder Fliesen ist nicht nur eine Frage des Geschmacks oder der Ausstattung. Man muß darüber hinaus die wesentlichen Eigenschaften der verschiedenen Materialien kennen, die sich für diesen oder jenen Zweck, für den Innen- oder den Außenbereich eignen.

Auswahlkriterien

Drei wesentliche Faktoren sollten bei der Auswahl der Fliesen bedacht werden: der Ort, an dem sie verlegt werden sollen, die zukünftige Verwendung der gefliesten Fläche und erst dann der ästhetische Gesichtspunkt.

Innen oder außen? Wenn die Fliesen im Außenbereich verlegt werden sollen, so ist es unerläßlich, frostsichere auszusuchen; selbst wenn Sie in einer Gegend wohnen, in der die Winter nicht sehr streng sind, besteht in unseren Klimabreiten doch immer die Gefahr von Frost. Geben Sie sich daher mit den Versprechungen des Verkäufers nicht zufrieden. Verlangen Sie ein schriftliches Zertifikat, die einzige Garantie, die Sie im Fall eines Streitfalls vorbringen können. Entscheiden Sie sich darüber hinaus nicht für glasierte oder gesinterte Fliesen, wenn diese draußen, und da vor allem auf dem Boden, verlegt werden sollen. Diese Materialien werden noch glatter, wenn es regnet. Wählen Sie rutschfeste Fliesen. Wenn die Fliesen im Innenbereich verlegt werden sollen, stellt sich folgende Frage.

Verlegen an der Wand oder auf dem Boden? Haben Sie diese Frage beantwortet, sollten Sie folgendes wissen:
● **Wenn die Fliesen auf dem Boden verlegt werden:** Die Fliesen haben ein relativ hohes Gewicht. Vergewissern Sie sich, daß die Fußbodenkonstruktion in der Lage ist, dieses zu tragen.

Wenn es sich um einen natürlichen Boden handelt, führen Sie vorher die notwendigen Sanierungs- und Entwässerungsarbeiten durch.

Bedenken Sie den Bereich, an dem die Verlegung stattfinden soll: Eingangsbereich, Küche, Bad, Wohnzimmer, Treppe usw. So können Sie das Material mit den erforderlichen Eigenschaften wie Strapazierfähigkeit, Stoßfestigkeit, Beständigkeit gegen chemische Mittel, Wasser usw. auswählen.

Vermeiden Sie poröse Fliesen für Feuchträume, es sei denn, Sie nehmen vorher eine Spezialbehandlung vor.

Vermeiden Sie auch glatte Materialien, vor allem für Bäder.
● **Wenn die Fliesen an der Wand verlegt werden:** In diesem Fall gibt es wenig Probleme. Achten Sie dennoch auf die Eigenschaften des Materials und insbesondere dessen Verhalten gegenüber chemischen Mitteln und Wasser.

Fliesen

Wenn Sie die vorangegangenen Punkte überdacht haben, werden Sie Ihre Wahl in Abhängigkeit von dem dekorativen Aspekt treffen, den Sie für die Fliesen wünschen oder die Platten im Außenbereich. Von diesem Standpunkt aus sollte man sich zunächst für das Material selbst entscheiden: Terrakotta, Steingut, Spaltplatten, Fayence, Glaskeramik, Marmor usw. Abgesehen von gewissen spezifischen Eigenschaften, haben sie ein unterschiedliches Aussehen. Dadurch wird es möglich, sie den ästhetischen Bedürfnissen der verschiedenen Stilrichtungen anzupassen. Zudem bieten die

Hersteller verschiedene Formen und Farben an, Motivfliesen, die zusammen eine Landschaft bilden oder Szenen darstellen, von denen wir nur einige Beispiele zeigen können, um den Veränderungen von Geschmack und Mode genau entsprechen zu können.
Eines bleibt jedoch unveränderlich: die Materialien selbst, aus denen die Fliesen hergestellt sind.

3   Motiv, aus vier Elementen zusammengesetzt.

Die Hauptmerkmale der Materialien

Material	Erscheinungsbild	Eigenschaften	Verwendungs-bereich
Steingut	Einfarbig oder gesprenkelt, trüb, rauchig, oberflächenbehandelt (reliefartig) oder mit Mustern bedruckt. Quadratische, rechteckige oder runde Formate.	Sehr stoßfest, strapazierfähig und beständig gegenüber chemischen Mitteln. Die haltbarste unter den Fliesen, aber auch eine der teuersten. Niemals einwachsen oder lackieren.	Innen- oder Außenbereich
Spalt-platten	Matt oder glänzend; einfarbig, bedruckt oder geflammt.	Festigkeit: sehr gut gegenüber Stößen; gut gegenüber chemischen Mitteln; mittelmäßig gegenüber der Abnutzung. Mit Seife oder Reinigungsmittel säubern.	Innenbereich; wählen Sie für den Außenbereich unglasierte
Halbge-branntes Steingut	Seidenmatt oder leicht glänzend; einfarbig, bedruckt oder geflammt. Sehr unterschiedliche Formate.	Schlechte Festigkeit gegenüber Stößen und Abnutzung. Behandlung mit Wachs und gelegentliches Abwaschen.	Innenbereich
Terrakotta	Ursprünglich matt; bekommt nach dem Polieren ein seidenmattes Aussehen. Formate und Formen sehr unterschiedlich.	Gute Abnutzungs-, aber mittelmäßige Stoßfestigkeit. Eine Antiporositätsbehandlung gleich nach dem Verlegen ist unerläßlich.	Nur Innenbereich. Porös wie sie ist, ist Terrakotta frostempfindlich, außer wenn sie vorher eine Spezialbehandlung erfahren hat.
Mit Sand polierte Terrakotta		(s. halbgebranntes Steingut)	
Fayence	Glänzend, einfarbig oder bedruckt. Unterschiedliche Formate.	Sehr gute Glasur- und Farbfestigkeit.	Innenbereich; nur als Wandbelag
Glaskeramik	Glänzend oder seidenmatt. Verschiedene Farbgebungen, ein- oder mehrfarbig. Kleine Quadrate oder kleine Kreise.	Höhere Festigkeit bei den seidenmatten. Säubern mit Reinigungsmitteln.	Innen- oder Außenbereich
Stein	Glatt	Sehr stoßfest und strapazierfähig. Säubern mit Reinigungsmitteln.	Innen- oder Außenbereich
Marmor	Poliert. Quadratisch oder rechteckig.	Sehr strapazierfähig.	Innen- oder Außenbereich; Wand oder Boden

4

5

6

Steingut. Es handelt sich hier um eine Gruppe, innerhalb derer man unterscheidet zwischen keramischem Steingut, Spaltplatten und glasiertem Steingut. Diese drei Materialien werden auf der Basis von Ton hergestellt, aber es gibt Unterschiede hinsichtlich ihres Aussehens wie ihrer Eigenschaften, wobei diese Besonderheiten und äußeren Erscheinungen nochmals variieren können, je nachdem, ob die Fliesen für Wände oder Böden bestimmt sind.

● **Keramisches Steingut:** Dieses Material bietet die besten Eigenschaften und kann daher ebensogut für den Innen- wie für den Außenbereich verwendet werden. Da es härter als Stahl ist, bleiben keine Abdrücke zurück, selbst unter großen Gewichten nicht. Es widersteht allen Arten von Säuren und Reinigungsmitteln. Es ist wasserundurchlässig und von daher frostbeständig. Da es Steingut in unterschiedlichen Formen, Farben und mit zahlreichen Mustern gibt, eignet sich das Material für die verschiedensten Anwendungsbereiche in allen Räumen des Hauses.

Steingut besteht aus Ton, der unter hoher Temperatur (1300 °C) gebrannt wird, was ein Überziehen mit Schmelz möglich macht. Aus diesem Vorgang bezieht das sog. »gesinterte Steingut« seine Eigenschaften. Wenn die Masse gebrannt ist, wird sie zu Pulver zerstampft und dann, nach einer gewissen Anzahl von Herstellungsschritten (Sieben und Trocknen insbesondere), in eine Form gepreßt, die der Gestalt und den Maßen entspricht, die man der Fliese geben möchte.

Soweit die Herstellungstechnik von gesintertem Steingut. Aber man erhält auch Steingut durch »Strecken«.

● **Glasiertes Steingut:** Es handelt sich hierbei um ein Steingut, dessen Oberfläche mit einer Glasurschicht überzogen wurde. Durch die als »Einmalbrand« bezeichnete Technik erhält man ein gleichzeitiges Sintern der Glasurschicht und der Unterlage. Das verbessert die Eigenschaften des Produkts, und von daher kann insbesondere ein nicht-poröses Material problemlos im Freien verwendet werden.

Darüber hinaus stellt die Glasur einen wasserundurchlässigen Überzug dar, was die Pflege erleichtert. Schließlich ermöglicht das Glasieren, Fliesen unterschiedliche Farbtöne und Motive zu geben.

● **Spaltplatten:** Von sehr guter Qualität, wenn auch gesintertem Steingut leicht unterlegen, werden Spaltplatten auf eine andere Art gewonnen. Die Tonmasse, der Mineralien und Oxide beigemischt sind (wie beim gesinterten Steingut), wird hier gestreckt (durch Ziehen geformt). Diese Masse wird getrocknet und danach ebenfalls bei sehr hoher Temperatur gebrannt.

Dieses Steingut gibt es, wie das vorher angeführte, im Rohzustand oder aber satiniert, glasiert oder lackiert (auch matt glasiert). Man kann die Platten im Innen- oder Außenbereich verlegen. Nehmen Sie für letzteren Verwendungszweck vorzugsweise nicht-glasierte Kacheln, da diese bei Regen glatt werden.

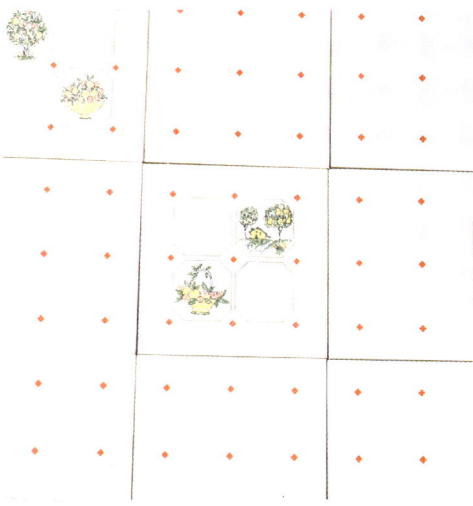

4−7 Verschiedene Beispiele von Wandfliesen mit aufgedruckten Motiven und unterschiedlichen Formaten.

Halbgebranntes Steingut. Es handelt sich hierbei um Steingut, das bei einer niedrigeren Temperatur gebrannt wird, die aber dennoch ausreicht, um durch einen Schmelzprozeß, wie beim Steingut, ein Sintern zu ermöglichen. Da aber die Temperatur um etwa 300 °C niedriger ist als bei der Herstellung von Steingut, ist die Sinterung nicht total, weshalb dieses Material nicht so hohe Qualität hat. Es ist vor allem nicht völlig wasserundurchlässig: da es etwas porös ist, sollte man besser davon absehen, es im Freien zu verwenden.

Diese Nachteile werden jedoch aufgewogen durch ein schönes Aussehen, seidenmatt oder glänzend, einfarbig oder bedruckt, und nicht zu vergessen, einen deutlich günstigeren Preis.

Terrakotta. Dies ist die älteste Form von Fliesen. Sie besteht aus einer Ton-Sand-Masse, die bei einer Temperatur von 900 °C gebrannt wird. Sie kennen Sie wahrscheinlich, etwa von den sehr verbreiteten Blumentöpfen her. Ihre Verwendung im täglichen Leben wie auch in der Kunst ist seit der Spätantike weit verbreitet.

Die Temperatur, bei der die Terrakotta geformt wird, macht ein Sintern, die das Material wasserundurchlässig werden ließe, nicht möglich. So porös wie sie ist, kann die Terrakotta nicht im Außenbereich verwendet werden, es sei denn, man unterzieht sie vorher einer Spezialbehandlung.

Aus denselben Gründen ist Terrakotta eine schwer zu pflegende Fliese, die wenig stoßfest ist.

Durch ihr rustikales Aussehen jedoch ist sie für die Innenraumausstattung nicht uninteressant. Bleibt anzumerken, daß die Eigenschaften des Materials durch Behandlungen verbessert werden können. Erkundigen Sie sich, bevor Sie es kaufen.

Fayence. Dies ist Terrakotta, die von einer Glasur überzogen wird, wodurch sie wasserundurchlässig wird. Es handelt sich jedoch um ein recht zerbrechliches, wenig strapazierfähiges Material. Aus diesem Grund wird es vor allem für Wandverkleidungen genommen.

Tatsächlich ermöglicht die Brenntemperatur (1000 °C) kein Sintern, welches das Material haltbar und in seiner Masse undurchlässig machen kann, wie das bei Steingut der Fall ist. Nur durch die Glasur, welche das Fayencestück (genannt »Biskuitporzellan«) überzieht, erhält das Material seine Wasserundurchlässigkeit.

Das Glasieren von Fayence geschieht auf verschiedene Arten (durch Eintauchen, Pulverauftrag, mit dem Pinsel usw.). Sie kann anschließend bemalt oder verziert werden, bevor sie ein zweites Mal gebrannt wird.

Diese verschiedenen Herstellungsschritte machen es trotz der oben erwähnten Schwächen des Materials möglich, schön dekorierte, einfarbige, marmorierte, reliefartige Fliesen zu bekommen, die hitze-, wasser- und säurefest (Haushaltsprodukte) sind.

Glaskeramik. Sowohl von ihrer Herstellungsweise wie von ihrem Aussehen her ist Glaskeramik ein Mittelding zwischen Keramik und Glas.

Hart und wasserundurchlässig, kann die Glaskeramik im Innen- wie im Außenbereich verwendet werden. In Platten aus kleinformatigen Elementen erhältlich, lassen sich mit ihr wunderbare Mosaiken zusammenstellen, deren Schönheit uns daran erinnert, daß die Ägypter darin die ersten Meister waren.

Marmor. Im Unterschied zu den vorher erwähnten Materialien werden die verschiedenen Arten von Steinen, darunter der Marmor, nicht gebrannt. Es handelt sich um natürliche Materialien, aus denen sich für den Innen- wie den Außenbereich herrliche Verkleidungen herstellen lassen.

Marmor kann aber auch für Wandverkleidungen verwendet werden. Für diesen Zweck gibt es ihn in Form von Platten, die dünner sind (7 bis 10 mm) als die für den Boden (15 bis 20 mm). Es ist ein kostbares Material von verschiedenartigem Aussehen, je nach seiner geographischen Herkunft. Bekannt sind über 100 verschiedene Sorten.

Verschieden ist aber nicht nur das Aussehen, sondern auch Eigenschaften und Qualitäten (Dichte, Härte, Durchlässigkeit), ebenso der Preis, wie man sich denken kann. Ziehen Sie all diese Kriterien in Betracht, bevor Sie sich entscheiden.

8

9

10

Einige Fußbodenbeläge:
- 8   Breccie-Platten aus poliertem Marmor.
- 9   Fliesen, Mittelstücke und Sockelleisten.
- 10   „Sechseck- und provenzalische" Fliesen.
- 11   Rauten.

11

12

13

12   Rechteckige Fliesen.

13   Imitation eines römischen Mosaiks.

Kleine Kunstgeschichte der Fliesen. Glasierte keramische Platten, um 2600 v. Chr., fand man erstmals in der Pyramide des Djoser in Ägypten; seit der Mitte des 2. Jahrtausends v. Chr. gab es sie auch in der altiranischen, assyrischen und babylonischen Baukunst. Bei den Römern wurden bemalte Fliesen als Bodenmosaike verwendet. Seit dem 9. Jahrhundert n. Chr. entstand eine neue Blüte der Wandfliesen im islamischen Bereich, wobei die Einflüsse bis auf die Iberische Halbinsel reichten. Im übrigen Europa wurden keramische Fliesen seit dem 16. Jahrhundert hergestellt, berühmt sind die Kacheln der niederländischen Fayencenmanufakturen des 17. und 18. Jahrhunderts in Delft.

Schallisolierung. Jeder hat schon feststellen können, daß Fliesen Geräusche besonders gut wiedergeben.
Wissenschaftler und Hersteller haben sich intensiv mit diesem Problem beschäftigt und eine ganze Reihe von Produkten und Verfahren entwickelt, mit denen sich, einmal unter den Fliesen angebracht, eine gute Schallisolierung erzielen läßt.
So finden Sie im Handel PVC- oder mit Bitumen bestrichene Filzplatten, die man auf eine Unterlage aus Beton oder Holz einfach aufkleben kann, oder Materialien, mit denen Sie isolierende Schichten herstellen können; beispielsweise auf der Basis von Kautschuk oder Harz.

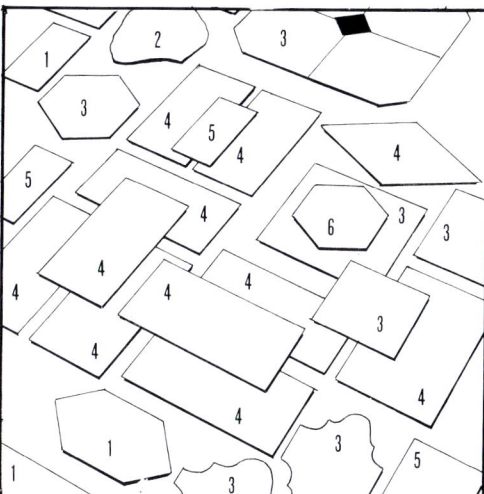

14

14   Verschiedene Bodenplatten.
(zum Verständnis des Fotos siehe die Ziffern auf dem Schema links): 1. Spaltplatte; 2. Schieferplatte; 3. Steingut; 4. Marmor; 5. Glasiertes Steingut; 6. Terrakotta.

Platten für den Außenbereich

Wenn auch, wie wir gesehen haben, eine ganze Reihe von Fliesen problemlos für das Verkleiden von Böden oder Wänden im Außenbereich verwendet werden können, muß doch dem, was man üblicherweise als »Plattenbelag« bezeichnet und womit eher die Verwendung von Steinen für Böden draußen gemeint ist, ein Sonderkapitel gewidmet werden.
Dieses Material, dessen Abstufungen, entsprechend seinen Ursprüngen, jeden Geschmack befriedigen können, ist von unvergleichlicher Qualität und ebensolcher Langlebigkeit.

Verschiedene Gesteinsarten. Der Stein ist ein natürliches Material aus dem Steinbruch, wo er abgebaut wird. Eine der ersten Regeln besteht also darin, aus wirtschaftlichen wie aus versorgungstechnischen Gründen einen, wie man sagt, »einheimischen Stein« zu wählen. Dabei gibt es Hunderte von Spielarten, die in folgende Gattungen unterteilt werden:
● **Kalkstein:** Travertin, romanischer Kalkstein, die Namen variieren je nach den Orten, an denen der Stein abgebaut wird. Aussehen, Härtegrad und Haltbarkeit sind ebenfalls verschieden, was bisweilen zu einer Ähnlichkeit mit Marmor führt. Kalksteine gehören noch immer zu den sehr geschätzten Steinarten, und das ist vielleicht auch der Grund dafür, weshalb sie den Namen »Naturwerkstein« verdient haben.
● **Sandstein:** Selbstverständlich besteht hier keine Ähnlichkeit mit dem Steingut. Es handelt sich um sedimentäre, kieselhaltige Felsgesteine grau oder farbig – denken Sie an die Pflaster ihrer Stadt – und von unterschiedlicher Härte. Sie sind mehr oder weniger für Pflaster- oder Plattenbeläge geeignet.
● **Granit:** Von legendärer Härte, stellen Granite als Pflaster oder Platten unverwüstliche Böden dar.
Bearbeitete Platten erhalten eine bemerkenswerte Oberfläche, weshalb Granit manchmal dem Marmor ähnelt. Eine bestimmte Art von Marmor, schwarz mit weißen Flecken, heißt sogar »belgischer Granit«.

● **Schiefer:** Für Plattenbeläge verwendet man überwiegend harten Schiefer, der an den vielen Schichten erkennbar ist, aus denen er sich zusammensetzt. Meist von graublauer, ins Schwarz gehender Farbe und einer rohen oder glattpolierten Oberfläche, stellt der Schiefer einen langlebigen und frostbeständigen Belag dar, der allerdings kratzempfindlich ist.
Neben diesen Steinen, den üblicherweise für den Außenbereich und häufig auch für den Innenbereich verwendeten Felsgesteinen, findet man noch, allerdings seltener, Onyx, Porphyr und Quarzit.

16   Ein „opus incertum" aus Steingut.

15   **Verschiedene Steinplatten.**   16

Vorbereiten der Untergründe

Im Gegensatz zu einem Anstrich oder einer Tapete, die leicht überdeckt oder ausgetauscht werden können, ist die Verfliesung eine relativ endgültige Verkleidung, die, einmal verklebt, nicht so leicht zu verändern ist. Daher muß der Vorbereitung der Untergründe, auf die sie aufgebracht werden soll, größte Aufmerksamkeit gewidmet werden.

Ob Boden oder Wand, die Fliesen müssen auf einem unversehrten, vorher eventuell gegen Feuchtigkeit behandelten, haltbaren und ebenen Untergrund verlegt werden. Das setzt meist eine sorgfältige Vorbehandlung voraus, die vom Verkitten von Rissen über das Verputzen einer Wand, Herstellen einer Unterlage und manchmal bis zum Ausgleichen des Bodens geht. Das sind die wichtigsten Vorarbeiten, die wir auf den folgenden Seiten vorstellen werden.

Vorbereiten des Rohbaus

Die Mauer, auf der die Fliesen angebracht werden sollen, muß eine sichere Befestigungsgrundlage sein.
Untersuchen Sie daher die Struktur des Mauerwerks aufmerksam, um etwaige Mängel aufzudecken und sie dann zu beseitigen. Klopfen Sie lose Teile ab und stellen Sie sie wieder her: tragen Sie Tiefengrund auf poröse Oberflächen auf, verkitten Sie Löcher und Risse, finden Sie die Ursache für Feuchtigkeitsflecken und das Vorhandensein von Salpeter heraus und verwenden Sie das passende Schutzmittel.
Diese verschiedenen Untersuchungen und Maßnahmen bereiten den Untergrund (Boden oder Wand) für das Aufbringen eines Wandputzes oder einer Unterlage als Zwischenlage zwischen Rohbau und Plattenbelag vor.

Vorbereiten der Oberflächen

Die Oberfläche des Rohbaus muß ihrerseits entsprechend für das Aufbringen einer Putzschicht oder der Unterlage vorbereitet werden. Entfernen Sie Staub und Schmutz und waschen Sie fettige Bereiche ab, auf denen der Putz nicht halten könnte: das ist häufig der Fall in alten Gebäuden und vor allem in Küchen.
Wenn es sich um einen Boden handelt, auf dem vorher ein Teppichboden oder ein Vinylbelag gelegen hat, entfernen Sie alle Reste, die möglicherweise kleben geblieben sind. Das genügt im allgemeinen, um den Untergrund wieder instandzusetzen (nach Abkratzen und Entfetten).
Möglicherweise werden Sie aber auch den Boden wieder verspachteln müssen. Dies ist eine sehr praktische Lösung, um etwa ein altes Parkett auf das Fliesen vorzubereiten, nachdem Sie sich selbstverständlich von der Qualität der Trägerkonstruktion überzeugt haben.

Verspachteln von Rissen

Es ist unbedingt erforderlich, daß die Mauern absolut eben sind, bevor man die Fliesen anbringt. Überprüfen Sie daher sorgfältig den Zustand der Oberfläche, nachdem Sie die alte Verkleidung (Anstrich, Tapete, Stoff, Kork usw.) entfernt haben. Es ist besser, die alte Farbe abzukratzen, wodurch Risse oder Löcher auftauchen könnten, die, zumindest wenn die Räume nicht zu alt sind, vielleicht nicht sehr groß sind. Aber selbst dann sollten Sie nicht darüber hinwegsehen. Versuchen Sie zunächst die Ursache für einen Riß zu finden. Ein Riß kann seinen Ursprung im Arbeiten der Konstruktion haben, wogegen man nicht viel tun kann; er kann aber auch auf das Eindringen von Wasser, verursacht durch Mängel in der Isolierung, zurückzuführen sein. Pakken Sie in diesem Fall die Wurzel des Übels an, denn auf die Dauer wird dieselbe Ursache wieder dieselbe Wirkung haben, und ein verspachtelter Riß wird sich unter diesen Bedingungen erneut öffnen.

Vorarbeit. Beginnen Sie damit, den ganzen Bereich rund um den Riß abzukratzen. Beiseitigen Sie die alte Farbe mit der Kante eines Dreieckschabers (Abb. 18) und entfernen Sie anschließend den Staub. Wenn der Riß allerdings nicht sichtbar ist, werden Sie ihn lokalisieren müssen: schlagen Sie zu diesem Zweck einige Male mit dem Griff des Schabers auf die Mauer: die lockeren Stellen geben einen »hohlen« Klang.

Durch dieses erste Reinigen wird es möglich sein, die brüchigen Teile zu beseitigen, aber das genügt nicht. Wenn der Riß nur auf ein Arbeiten des Putzes zurückzuführen ist, ist er im allgemeinen nicht sehr groß. Wenn er dagegen aus einem Arbeiten der Konstruktion oder des Rohbaumaterials resultiert, ist er vermutlich tiefer. In diesem Fall muß er ausgehöhlt werden (Abb. 20).

»Vorbereiten« des Risses. Zögern Sie nicht, den Riß zu vertiefen. Man muß tatsächlich soweit gehen, alle Teile des Mauerwerks freizulegen, die schlecht halten. Wenn man letztere nämlich so ließe, würden sie, indem sie heute oder morgen abplatzen würden, die nicht beschädigten Teile in Mitleidenschaft ziehen.

Benutzen Sie für diese Arbeit die Spitze des Dreieckschabers und höhlen Sie den Riß so aus, daß sein Grund ausladender ist als die Öffnung; man sagt, man gibt ihm eine Schwalbenschwanzform. Das wird ein Haften der Spachtelmasse, die Sie anschließend auftragen, verbessern.

Wenn Sie diese Vorbereitungsarbeit erledigt haben, nässen Sie den Riß mit Hilfe eines Schwamms (Abb. 21).

18 Entfernen der alten Farbe mit einem Dreiecksschaber.
19 Abbürsten.

18

19

Verspachteln. Verwenden Sie für kleinere Arbeiten eine gebrauchsfertige Spachtelmasse aus der Tube. Stellen Sie für größere Risse die Spachtelmasse selbst her. Die Mischung soll fettig sein: zwei Teile Spachtelmasse in Pulverform auf einen Teil Wasser. In den meisten Fällen sind die Risse jedoch nicht »stabilisiert«, da das Mauerwerk weiter arbeitet. Selbst nach dem Verspachteln der Risse kann es passieren, daß diese größer werden und sich wieder öffnen. In diesem Fall muß man den Riß mit einer Rißbinde zudecken, eine Art dünnes Stoffband, das die Bewegung der Konstruktion mitmacht und so den Riß nicht mehr sichtbar werden läßt.

Tragen Sie die Spachtelmasse mit Hilfe eines Spachtels auf, mit dem Sie die Masse tief in den Riß hineindrücken (Abb. 22).

20

21

20 Aushöhlen des Risses.
21 Befeuchten des Mauerwerks.
22 Anwendung einer gebrauchsfertigen Spachtelmasse.

22

23

23   Verspachteln des Risses.
24   Anbringen einer Rißbinde.

24

Anbringen der Rißbinde. Jeder etwas größere Riß sollte mit einer Rißbinde zugedeckt werden. Diese Technik ermöglicht es, eine glatte und homogene Oberfläche zu erhalten, was ja eine wesentliche Bedingung des Fliesenlegens ist.

Beginnen Sie damit, den Riß mit Spachtelmasse zu füllen, wie weiter oben beschrieben ist. Schneiden Sie anschließend die Rißbinde, die über dem Riß befestigt werden soll, richtig zu. Verteilen Sie dann Spachtelmasse über den ganzen Bereich, der von der Rißbinde bedeckt werden soll, und befestigen Sie diese. Sichern Sie den Halt auf der Spachtelmasse, indem Sie mit den Fingerspitzen sanft daraufklopfen (Abb. 25). Strecken Sie dann die Binde mit zwei Spachteln (Abb. 26); bedecken Sie abschließend den ganzen Bereich mit Spachtelmasse. Nachdem diese getrocknet ist, brauchen Sie nur noch abzuschleifen, um eine plane Oberfläche zu erhalten.

Vorsicht Risse! Risse sehen nicht nur häßlich aus, es besteht auch die Gefahr, daß Wasser durch sie eindringen kann, was noch viel schlimmer ist. Wenn Sie nicht ganz sicher sind, begnügen Sie sich nicht damit, die Risse zu verspachteln, sondern versuchen Sie herauszufinden, ob die Mauer nicht feucht ist. Wenn dem so ist, suchen Sie nach der Ursache dafür.

Wenn die Mauer feucht ist, werden Sie das aufgrund von anderen Anzeichen feststellen: Vorhandensein von Schimmel und Salpeter. In diesem Fall muß die Vorbereitung des Untergrunds durch entsprechende Behandlungen vervollständigt werden.

Vorbereiten von Zwischenwänden

Wenn die Wände in einem Zustand sind, daß man sie nicht mehr als Träger benutzen kann, muß eine Zwischenwand angebracht werden, die als Untergrund für die Fliesen dient. Diese Zwischenwand wird die bestehende Innenmauer verdoppeln, insofern also für die Wärmeisolierung des Zimmers von Vorteil sein.

25

26

27

25   Vorsichtiges Andrücken der Rißbinde.
26   Straffen der Rißbinde.
27   Abschließend wird die Rißbinde verputzt.

Wenn man die Raumaufteilung verändern möchte, ist es ebenso ratsam, Trennwände zu errichten. In diesen Fällen verwendet man Leichtziegelplatten (Abb. 28), Gipsplatten (Abb. 30), Gipskartonplatten (Abb. 32) oder auch Bimssteine.

Überflüssig zu erwähnen, daß Gipskartonplatten durch ihre Größe die Arbeit erheblich erleichtern. Wobei übrigens spezielle Platten entwickelt wurden, die die Isolierung der Räume verbessern, da sie an den Rückseiten mit Styropor beschichtet sind (sog. Verbundplatten).

Putz und Füllspachtel. Nachdem Sie die in Baumärkten erhältlichen Planblocksteine mit Bau- und Fliesenkleber verarbeitet haben, beginnen Sie mit dem Verputzen der Fläche.

Verteilen Sie den Putz so, daß Sie eine ebene Fläche erhalten. Füllen Sie aus demselben Grund die Lücken, die eventuell noch vorhanden sind.

Nehmen Sie dazu einen Füllspachtel, den Sie mit etwas Wasser zu einer festen Masse verarbeitet haben, da sie weniger nachsacken wird.

28   Auftragen eines Gipsputzes auf eine Trennwand aus Ziegelsteinen.
29   Zubereiten eines Härters.

30   Auftragen eines Härters auf Gipsplatten.
31   Zubereiten einer wasserlöslichen Spachtelmasse.

28

29

30

31

32

32   Verspachteln einer Trennwand aus Gipskartonplatten.

Oberflächenverfestigung. Das Auftragen einer Grundierung (Abb. 30) ist für das korrekte Vorbereiten von Gipsoberflächen unentbehrlich. Dieses mit der Rolle aufgetragene Mittel verleiht dem Untergrund eine gute Homogenität. Vor allem auf altem Gips oder altem Mörtelputz, die abbröckeln, ist ein Tiefengrund unerläßlich. Im übrigen wird dadurch ein Verputzen der Flächen leichter, da sie weniger porös und saugend sind.

Achtung: Öffnen Sie die Fenster, während Sie den Tiefengrund auftragen, und rauchen Sie vor allem nicht.

Aufdoppeln oder eine Zwischenwand einziehen. Gemäß ihrer Zusammensetzung und ihrer Struktur können Gipskartonplatten zum Aufdoppeln bestehender Wände oder für das Errichten von Zwischenwänden benutzt werden. Das Aufdoppeln einer Wand ist vor allem dann interessant, wenn der Zustand des Mauerwerks Renovierungsarbeiten in zu großem Umfang nach sich ziehen würde.

Nehmen Sie für Zwischenwände wabenförmige Platten. Sie haben zwei Außenseiten aus Gips, die eine Struktur aus wabenförmigem Karton umschließen (isolierend).

Mörtelputz. Putz ist die Zwischenschicht zwischen dem Material, aus dem die Wand besteht, und der Verkleidung. Aus diesem Grund ist es wesentlich, daß zum einen der Putz in einem guten Zustand ist und zum andern er auf eine gesunde und haltbare Oberfläche aufgetragen wird, was manchmal Renovierungsarbeiten am Rohbau direkt erforderlich macht. Wenn das Mauerwerk alt ist, sehen Sie nach, ob es feucht ist, nachdem Sie den alten Putz entfernt haben (Abb. 33). Kaputte Bestandteile müssen Sie behandeln, neu verfugen und eventuell ersetzen, ist es doch Ihr Ziel, eine saubere und glatte Fläche zu bekommen.

Für den Fall, daß die Renovierungsarbeiten zu umfangreich werden, haben Sie manchmal schneller eine doppelte Wand errichtet. Seien Sie sich jedoch darüber im klaren, daß eine solche Lösung Platz kostet: Zu der Stärke der doppelten Wand muß ein Zwischenraum dazugerechnet werden, der für eine gute Luftzirkulation zwischen den beiden Wänden wesentlich ist.

Der Putz besteht faktisch aus drei Schichten: Bewurf, Verputz und Deckschicht.

● **Bewurf:** Man sagt auch Grobschliffschicht oder -putz. Er sollte die gröbsten Unebenheiten ausgleichen und stellt die Schicht dar, an der der eigentliche Putz haften soll. Es ist eine Schicht aus einigen Millimetern Mörtel, der mit der Kelle aufgeworfen wird, und dessen Stärke je nach Material leicht variieren kann. Auf einer alten Steinmauer beispielsweise (Abb. 34) muß die Schicht manchmal beträchtliche Ungleichmäßigkeiten ausgleichen, die auf hohle Fugen zurückzuführen sind. Auf einer Mauer aus Bausteinen oder Ziegeln dagegen genügen einige Millimeter.

Bereiten Sie nicht mehr Mörtel zu, als Sie in der folgenden Stunde verarbeiten können. Rühren Sie ihn ziemlich grob an, gemischt mit feinkörnigem Flußsand (siehe Dosierungstabelle auf der nächsten Seite). Befeuchten Sie das Mauerwerk während der Abbindezeit, damit es nicht das Anrührwasser des Mörtels aufsaugt.

Ist die Fläche völlig bedeckt, lassen Sie sie etwa achtundvierzig Stunden trocknen und kratzen Sie sie dann auf, um das Haften der darauffolgenden Schicht zu erleichtern. Sie könnten sich für diese Gelegenheit ein Kratzeisen aus einer Leiste mit Nägeln herstellen.

● **Verputz:** Auf gleichmäßigen Flächen sollten Sie Putzschienen oder Holzlatten senkrecht an der Wand befestigen. Dank dieser Schienen werden Sie die Stärken der einzelnen Schichten regulieren und verstreichen können. Wenn sie einen gleichmäßigen Abstand voneinander haben, unterteilen sie zudem die zu bearbeitende Fläche in mehrere Zonen, die man dann nacheinan-

33   Abschlagen des alten Putzes.

34   Bewerfen einer Steinmauer mit Putz.

33

34

der behandeln kann. Der Verputz wird Ihnen eine glatte Fläche liefern: Verstreichen Sie den Verputz mit Hilfe einer Richtlatte, die Sie über die vertikalen Schienen ziehen.

● **Deckschicht:** Die Oberfläche des Verputzes ist zwar eben, aber auch relativ rauh. Die dritte Schicht, der Fertigschweiß, die etwa eine Woche nach dem Verputz aufgetragen wird, soll diese letzten Unebenheiten ausgleichen. Sie wird höchstens 5 mm stark sein. Glätten Sie in großen Bewegungen mit dem Reibebrett.

35, 36 Bewerfen einer Ziegelmauer mit der Haftschicht (dem Bewurf); Bewerfen einer Gasbetonsteinwand (unten).

35

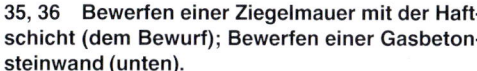

36

Die drei Schichten des Putzes

Schicht	Menge an Zement	Menge an Sand	Bedeckte Fläche	Stärke der Schicht	Trocken-zeit
Bewurf	50 kg	90 l	30 m²	3 mm	48 h
Verputz	50 kg	110 l	7 m²	15 mm	48 h
Deckschicht	50 kg	140 l	30 m²	5 mm	8–15 Tage

37   Bewerfen der trockenen Mörtelschicht mit Verputz.
38   Ebnen mit Hilfe eines langen Richtscheits.

39   Aufbringen von Verputz unter Fenstern.
40   Glätten.
41   Glätten mit dem Reibebrett.

37

38

39

40

41

42

43

44

44   Verziehen des Betons.

42   Ausrichten der Führungsrichtscheite.
43   Ausschütten des Betons.

Vorbereiten von Böden

Wenn es sich nicht darum handelt, einen Boden von Grund auf »herzustellen«, also nur darum geht, den Boden auszugießen, dann muß man die Oberflächen ebnen und herrichten, daß man sie mit Fliesen bedecken kann.

Ausgießen des Bodens. Zu jedem Raum gehört ein ebener Boden. Bei Badezimmern oder Küchen, Räumen, die häufiger als andere verfliest werden, muß man den Verlauf vor dem Ausgießen des Betons sicherstellen. Die Kanalisation (Ver- und Entsorgung) wird entsprechend der Lage der sanitären Einrichtungen oder des Spülbeckens mit leichtem Gefälle verlegt.
Um eine völlig ebene Fläche zu erhalten, ordnen Sie eine Reihe von Riegeln oder Holzlatten gleicher Stärke auf dem Boden an und achten Sie darauf, daß sie sich alle auf genau demselben Niveau befinden (Abb. 42). Gießen Sie dann den Beton aus (Abb. 43) und »ziehen« (Abb. 44) Sie ihn mit Hilfe einer langen Abrichtlatte über die Latten oder Riegel. Beginnen Sie ganz hinten im Raum und arbeiten Sie weiter, indem Sie zur Tür hin zurückweichen.
Warten Sie nicht, bis der Beton ganz trocken ist, um die Riegel oder Holzlatten herauszuziehen: es wird Ihnen dann nicht mehr gelingen! Nehmen Sie sie heraus, so-

45

46

45   Festlegen der Bodenoberfläche.
46   Anbringen der Latten.

bald der Beton anfängt, abzubinden und
füllen Sie die so entstandenen Hohlräume
auf.
Da diese Arbeit eine große Menge Beton erfordert, sollten Sie für das Anrühren vorzugsweise einen Betonmischer verwenden.

Verarbeiten von Estrich. Das Verlegen von
Fliesen erfordert einen absolut regelmäßigen, stabilen und ebenen Boden. Ein Neu-
verspachteln kann da schon genügen, insofern der Boden nicht zu sehr beschädigt ist.
Führen Sie diesen kleinen Test durch: Legen Sie eine Plastik-(oder Polyäthylen-) Folie auf den Boden und befestigen Sie sie mit
einem Klebeband. Lassen Sie sie einige Tage so liegen: Wenn sich Feuchtigkeit auf
der Folie bildet, so ist dies einfaches Kon-
denswasser; ein einfach zu lösendes Problem. Wenn sich aber Feuchtigkeit unter
der Folie bildet, so kommt diese aus dem
Boden: Das ist ein ernsteres Problem, und
die Ursache muß gründlich erforscht und
behandelt werden, bevor Sie beginnen,
Fliesen zu verlegen.
Im anderen Fall muß man ein Mörtelbett
von mindestens 3 Zentimetern Stärke gießen. Für einen solchen Belag wird das Material im Verhältnis von 50 bis 60 Liter Sand
auf einen Sack Zement dosiert.

47

48

47   Abbildung zweier Führungslatten.
48   Befeuchten des Bodens.

Wenn Sie feuchte Stellen auf dem Boden entdecken, müssen Sie deren Ursprung unbedingt herausfinden und die Ursache bekämpfen. Behandeln Sie sie nicht, können die Folgen verheerend sein, wenn die Fliesen erst einmal verlegt sind.

Wenn Sie sich über die Festigkeit des Bodens, auf den das Mörtelbett aufgetragen werden soll, nicht im klaren sind, breiten Sie eine Sandbettung aus, die den Estrich und den Boden trennt (so entsteht ein sogenannter »schwimmender Estrich«).

Estrich wird im wesentlichen so hergestellt wie ein Betonboden. Mit einer Abrichtlatte verteilt (über gleichmäßig verteilten Riegeln), wird er anschließend mit einem Reibebrett und dann mit einer Kelle glattgestrichen. Bestimmen Sie die Höhe des Estrichs von einer Linie aus, die Sie einen Meter oberhalb des »fertigen« Bodens an der Wand gezogen haben. Sind die Fliesen einmal verlegt, werden sie jedenfalls das gleiche Niveau wie der Boden des benachbarten Raumes haben. Orientieren Sie sich daher am Boden nebenan und legen Sie die Höhe der Führungslatten entsprechend fest.

Legen Sie letztere auf Mörtelstufen: Kontrollieren Sie genau ihre waagerechte Lage mit Hilfe einer Wasserwaage.

Sind diese Vorarbeiten beendet, können Sie den Mörtel ausgießen, den Sie, falls möglich, auf einer nahegelegenen, sauberen Fläche vorbereitet haben. Schütten Sie den Mörtel zwischen die Riegel und ebnen Sie ihn, indem Sie eine Abrichtlatte über die Riegel ziehen. Glätten Sie nach und nach (mit dem Reibebrett), und wenn der Mörtel anfängt, abzubinden, nehmen Sie die Riegel heraus und füllen Sie die Hohlräume mit Mörtel. Wenn der Estrich trocken ist, reinigen Sie ihn; wenn es sehr heiß ist, begießen Sie ihn, um zu verhindern, daß eine zu starke Verdunstung Risse und Sprünge bewirkt.

Sorgen Sie für einen guten Halt! Befeuchten Sie den Boden und bestreuen Sie ihn mit Zement, damit der Estrich gut an ihm haftet. So bildet sich eine Schicht mit hoher Dichte an der Oberfläche.

49   **Bestreuen des frischen Estriches mit reinem Zement.**
50   **Glätten mit dem Reibebrett nach dem Verziehen des Estrichs.**

51   **Verziehen.**
52   **Entfernen der Richtlatten vor der vollständigen Trocknung.**
53   **Reinigen nach dem Trocknen.**

49

50

51

52

53

54

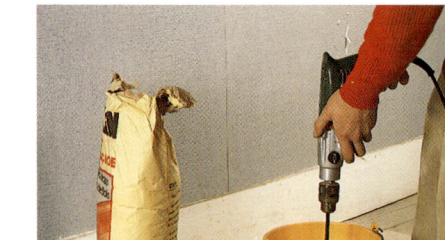

55

56

Ausgleichen und Reinigen

Durch das Ausgleichen werden Sie eine ebene Oberfläche erzielen, gleicht es doch leichtere Unregelmäßigkeiten aus und füllt kleine Zwischenräume. Diese Fußbodenausgleichsmasse wird wie Mörtel durch Lösen im Wasser hergestellt. Man kann sie auf einem alten Parkett, alten Fliesen, einem Estrich usw. verstreichen. Je nach Untergrund und dessen Zustand müssen Sie einige Vorarbeiten leisten, bevor Sie das Mittel verstreichen können.

Vorbereitung. Handelt es sich um ein altes Parkett, das zuviel Renovierungsarbeiten erfordern würde, haben Sie es schneller mit Spanplatten (Preßspan) bedeckt, die Sie direkt auf die Stützbalken schrauben. Verwenden Sie in diesem Fall feuchtigkeitsbeständige Spanverlegeplatten der Güteklasse V 100.
Ist das Parkett haltbar genug, sollten Sie es reinigen und entfetten, damit die Ausgleichsmasse gut auf dem Untergrund haftet. Darüber hinaus müssen Sie zu große Lücken mit Holzkitt verspachteln (Abb. 54), eventuell einen herausschauenden Nagel einschlagen, lose Teile des Parketts wieder fixieren usw.
Ziel dieser verschiedenen Maßnahmen ist die Vorbereitung und Festigung eines Fußbodens, der eine relativ schwere Verkleidung bekommen wird, was beim Verlegen des Parketts nicht vorgesehen war. Die Ausgleichsmasse wird übrigens unvermeidlich zwischen das Parkett laufen: Streichen Sie deshalb eine Putzunterschicht auf, nachdem Sie die Lücken zwischen den Stäben zugestopft haben. Dieser Putz sollte nicht zu flüssig sein, damit das Mischwasser das Holz nicht übermäßig auftreibt.
Auf einem alten Fliesenboden sind die Vorarbeiten noch viel wichtiger: Sie beschränken sich auf ein Entfetten oder das Befestigen einiger Fliesen, die sich lösen könnten. Wenn das Material der Fliesen porös ist (bei Terrakotta der Fall), streichen Sie einen Tiefengrund auf, bevor Sie ans Ausgleichen gehen.

54   Verspachteln der größten Spalten zwischen den Dielen.
55   Anrühren einer Fußbodenausgleichsmasse.
56   Verziehen der Spachtelmasse.

Hat der Boden sich stellenweise gesetzt, wie das in alten Häusern passieren kann, ist es oftmals besser, eine ebene Fläche mit Hilfe von feuchtigkeitsbeständigen Spanverlegeplatten herzustellen.

Ausgleichen. Bereiten Sie die Ausgleichsmasse in einem Eimer (Abb. 55) oder einem größeren Gefäß zu, je nach benötigter Menge. Beachten Sie die Angaben auf der Verpackung. Sie erleichtern sich die Arbeit, wenn Sie ein Rührwerk benutzen, ein Zubehör, das man auf das Futter der Bohrmaschine montiert.
Verteilen Sie die Ausgleichsmasse so auf dem Untergrund, daß Sie ihn mit einer einzigen Schicht ganz bedecken. Glätten Sie die Schicht mit der Kelle (Abb. 56).

Reinigung. Auch ein Untergrund in einem guten Zustand wird eine Reinigung erfordern. Hier ist das der Fall bei einem Boden, auf dem ein Teppichboden verlegt wurde. Entfernen Sie den alten Teppichboden. Wenn er geklebt war, ziehen Sie daran und entfernen Sie anschließend die Reste der Rückseite (Unterschicht), die vielleicht noch am Boden kleben. Verwenden Sie dafür ein umweltfreundliches Lösungsmittel oder die Flamme einer Lötlampe.

57

58

57 Entfernen des alten Teppichbodens.
58 Entfernen von Rückständen der Unterseite, die am Boden kleben geblieben sind.
59 Abschluß der Bodenreinigung.

59

Vorbereiten der Fliesen

Anfängern fällt es manchmal schwer, sichere und glatte Schnitte zu erzielen. Man muß ein gutes, dem Material der Fliesen angemessenes Werkzeug benutzen.
Der Fliesenschneider, den man sich ausleihen kann, ist dafür ein wertvolles Werkzeug.

Fliesen schneidet man besser nach und nach für jede Reihe zurecht oder aber am Ende des Verlegens, nach dem Abbinden des Klebemörtels. Die Schneidwerkzeuge sind sehr unterschiedlich und reichen von der einfachen Reißnadel bis zur Trennscheibe. Bisweilen müssen besondere Schnitte ausgeführt werden, Kurven oder Kreisformen, um etwa Rohrleitungen auszuschneiden, für die man spezielle Fliesenkreisschneider verwendet.

Maß nehmen

Um perfekte Schnitte zu erzielen, muß man exakt Maß nehmen. Dazu grundsätzlich: Benützen Sie eher die zu schneidende Fliese als ein Lineal. Sie können so Übertragungsfehler vermeiden.
Es gibt eine einfache Methode, um genau anzureißen: legen Sie die zu schneidende Fliese auf die zuletzt verlegte; legen Sie darüber eine dritte Fliese, die Sie an die Wand schieben. Zeichnen Sie dann mit Bleistift die Linie, an der Sie den Schnitt ausführen werden.

Schneiden mit der Anreißnadel

Die Reißnadel aus Wolframkarbid (ein Fliesenplattenschneider mit Kunststoffgriff und Hartmetallstift) ist für unerfahrene Heimwerker etwas schwierig zu bedienen. Auch wenn es nicht einfach ist, mit ihr zu arbeiten, kann man dennoch einige Fliesen recht gut schneiden.
Legen Sie die Fliese auf eine ebene und feste Fläche; ziehen Sie die Nadel entlang der vorgezeichneten Linie, indem Sie einen Eisenwinkel zu Hilfe nehmen. Sie müssen mehrfach die Linie nachziehen und dabei stark aufdrücken, damit die Oberseite der Fliese deutlich eingeschnitten wird. Diese Arbeit ist ziemlich anstrengend, wenn Sie zahlreiche Schnitte ausführen müssen. Legen Sie anschließend die Kachel auf die Anreißnadel oder auf irgendeine Kante. Drükken Sie mit beiden Händen auf die Seiten rechts und links des Schnittverlaufs. Die Fliese muß nun glatt entlang der Linie durchbrechen. Danach müssen nur noch Unregelmäßigkeiten des Rands mit Hilfe einer Feile korrigiert werden.

61

62

63

Wenn der Schnitt nicht glatt ist, ist es möglich, ihn mit Hilfe einer Fliesenkantenzange zu korrigieren. Die Ursache dafür ist meist ungenügendes Einritzen. Gehen Sie auch hier abschließend mit der Feile darüber.

Schneiden mit dem Fliesenschneider

Diese kleine manuelle Maschine ist sehr praktisch; sie eignet sich für alle Arten von Fliesen und ermöglicht es, zahlreiche Schnitte und vor allem ein Schneiden in Serie auszuführen. Man kann sie bei Fachhändlern oder in Baumärkten ausleihen.
Der Fliesenschneider besteht aus einem Holz- oder Metallsockel, den man auf einen stabilen und festen Untergrund stellen muß. Ein sehr hartes Schneidrad aus Wolframkarbid ist an einem beweglichen Schlitten auf zwei parallelen Schienen befestigt. Er läßt sich dank eines langen Griffs leicht bewegen. Die dadurch zustandekommende Hebelwirkung ermöglicht es, einen starken Druck auszuüben.
Durch ein am Sockel befestigtes Lineal mit Maßeinteilung kann man Schnitte durch direktes Ablesen ausführen. Es genügt, die zu schneidende Fliese richtig hinzulegen. Fliesenschneider sind in der Regel mit einer Vorrichtung ausgestattet, dank derer es möglich ist, die Kacheln glatt durchzubrechen. Legen Sie die Fliese so gegen das Lineal, daß der Schnittverlauf eine Linie mit der Einkerbung an dem Lineal bildet. Halten Sie sie mit einer Hand fest und bedienen Sie mit der anderen den Hebel, um einzuschneiden. In der Regel sind mehrere Durchgänge erforderlich.
Drücken Sie nicht zu fest auf, wenn es Fliesen aus Fayence sind, damit sie nicht während des Schneidens zerbrechen. Üben Sie dagegen bei dicken und harten Fliesen einen starken Druck aus.
Es gibt Fliesenschneider in verschiedenen Größen, wobei die größten die dicksten Bodenfliesen schneiden können. Wenn der Schnitt nahe am Rand der Fliese ausgeführt wird, ist es schwierig, sie durch Druck aus-

61   Anreißen der Schnittlinie mit einer Nadel entlang unseres Eisenwinkels.
62   Durchtrennen der Fliese entlang der Schnittlinie.
63   Polieren des Schnitts.

64

65

einanderzubrechen. In diesem Fall hilft man sich mit einer Kantenzange (Töpferzange), deren Backen man nahe der Einkerbung anbringt und dann das Stück abbricht.
Die Ränder der geschnittenen Fliese müssen häufig leicht mit der Feile nachgearbeitet werden, um völlig gerade zu sein. Man kann das Ausbessern auch mit einer Schleifmaschine vornehmen.

Schneiden mit der Fliesenschneid- und Brechzange

Im Gewicht leichter als der Fliesenschneider, eignet sich die Fliesenlegerzange vor allem für Wandverfliesungen. Diese Zange ist mit einem sehr harten Schneidrad aus Wolframkarbid ausgestattet, das dazu dient, die Oberseite der Fliese einzukerben. Als Führung verwendet man ein Metallineal. Wenn die Einkerbung tief genug ist, legt man die Fliese zwischen die Backen der Zange, wobei die einzige Schneidbacke genau auf der Einkerbung liegt. Man drückt die Zange zusammen, um die Fliese glatt durchzubrechen.
Manche Zangen sind mit einer Führung mit Maßeinteilung und einem regulierbaren Läufer ausgestattet. So kann man sich an der Kante einer Fliese orientieren, um die Einkerbung vorzunehmen.

64 **Schneiden mit dem Fliesenschneider.**
65 **Brechen am Fliesenrand.**
66 **Markierung für einen Endschnitt.**
67 **Zuschnitt gemäß der vorangegangenen Markierung.**

66

67

68

69

70

71

Dieses leicht zu bedienende Werkzeug ist praktisch; das Einkerben mehrerer Fliesen ist jedoch ziemlich anstrengend, da man das Rädchen mit starkem Druck darüberführen muß. Darüber hinaus sind mehrere Durchgänge erforderlich.

Schneiden mit der Trennscheibe

Trennscheiben ermöglichen sichere und schnelle Schnitte. Besonders für das Schneiden von Steinplatten (Marmor beispielsweise) sind sie unentbehrlich, aber sie eignen sich gleichermaßen für das Schneiden der meisten Bodenfliesen. Man verwendet Trennscheiben ausschließlich für Steine und nicht eisenhaltige Metalle, nicht aber für Stahl; es handelt sich dabei um Scheiben aus verstärktem Glasgewebe oder harzhaltigem Bindemittel. Man kann diese Scheiben auf Bohrmaschinen montieren, vorausgesetzt, diese sind leistungsstark genug. Man kann sie aber auch auf Schleifmaschinen oder Winkelschleifer montieren. Während des Schneidens muß die Fliese mit Hilfe von Schraubzwingen gut fixiert sein. Um sich vor Splitterung zu schützen, sollten Sie bei dieser Arbeit eine Schutzbrille tragen.

68   Anreißen der Schnittlinie mit einer Fliesenlegerzange.
69   Brechen der Fliese mit der Zange.
70   Schneiden einer Marmorplatte mit der Trennscheibe.
71   Schneiden einer Sechseckfliese (Terrakotta) mit dem Winkelschleifer.

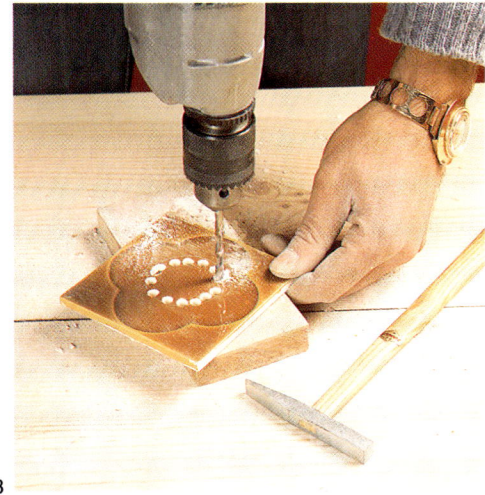

72

73

74

75

Spezialschnitte

Damit man Fliesen um sanitäre Installationen oder Rohrleitungen herum verlegen kann, ist es häufig notwendig, Spezialschnitte meist in Kurven auszuführen. Das ist ein ziemlich schwieriges Unterfangen, das etwas Übung erfordert.

Der Schnittverlauf wird mit der Anreißnadel oder dem Rädchen der Zange festgelegt. Wenn die Einkerbung fertig ist, zwicken Sie nach und nach kleine Stücke mit den Bakken einer Fliesenlochzange ab. Arbeiten Sie langsam und genau, Sie könnten die Fliese sonst zerbrechen. Es gibt Spezialzangen, sogenannte »Papageienschnäbel«, mit feinen, länglichen Backen, die speziell für diese Arbeit entwickelt wurden.

72 Abgerundeter Zuschnitt mit einer Zange.
73 Bohren einer Reihe von Löchern im Hinblick auf einen kreisförmigen Ausschnitt.
74 Abschlagen des wegfallenden Teils.
75 Glattfeilen mit einer Lochfeile.

Wenn Sie einen Kreis genau in der Mitte einer Fliese ausschneiden wollen, bohren Sie mit der Bohrmaschine, auf die Sie einen Bohrer aus Wolframkarbid montiert haben, eine Reihe von nebeneinanderliegenden Löchern auf dem Kreisumfang. Schlagen Sie dann den auszuschneidenden Teil mit einem Fliesenspitzhammer vorsichtig heraus. Bleibt nur noch, den Kreisrand mit Hilfe einer Raspel oder einer Rundfeile glatt zu feilen. Einfacher geht es inzwischen mit speziellen Fliesenlochschneidern, von denen mittlerweile unterschiedliche Modelle auf dem Markt sind. Ihr Vorteil liegt nicht nur im schnelleren Arbeiten, sondern vor allem in der sauberen und exakten Ausführung.

Wiederverwenden alter Fliesen

Nach alten Fliesen besteht eine große Nachfrage. Ihre Muster, Farbtöne und auch ihr Aussehen durch die Abnutzung der Jahre verleihen ihnen einen gewissen Charme; man verwendet sie für die Böden in alten Häusern, denen man einen rustikalen Rahmen verleihen möchte. Man kann aber auch ganz einfach die Fliesen eines Raumes, den man renoviert, dazu verwenden, um einen anderen Raum (Abstellkammer, Keller) oder auch im Freien zu fliesen; vorausgesetzt, es handelt sich um frostsichere Fliesen.

Sehr alte Boden- oder Wandfliesen sind manchmal sehr wertvoll. Sie sind Bestandteil wertvoller Sammlungen und können sehr hohe Preise erzielen.

Denken Sie beispielsweise an Fayencefliesen aus dem 18. Jahrhundert, die von einem bemerkenswerten Handwerksgewerbe geschaffen wurden. Gleiches gilt aber auch für zahlreiche Stücke des 19. und 20. Jahrhunderts (insbesondere für Jugendstilfliesen). Vorsicht ist daher geboten, wenn man Arbeiten in einem alten Haus unternimmt, um nicht wertvolle Fliesen zu zerstören.

Auch wenn Ihre Fliesen nicht aus einer berühmten Werkstatt stammen, sollten Sie sie dennoch nicht überstürzt zerbrechen, um sich ihrer zu entledigen. Es gibt zahlreiche Verwendungsmöglichkeiten. Eine schöne Sechseckfliese etwa kann gut für eine Terrasse oder für Gartenpfade verwendet werden. Wenn sie etwas abgenutzt ist, wird sie dadurch nur dekorativer. Man muß sie allerdings vorher mit einem entsprechenden Mittel frostfest machen.

Wichtige Vorbeugemaßnahmen. Sehr häufig liegen Rohrleitungen unter den Fliesenböden. Es kann sich um Wasserleitungen, Heizungsrohre oder um Entsorgungsleitungen in Küchen oder Badezimmern handeln. Versuchen Sie deren Verlauf so genau wie möglich zu ermitteln. Vermeiden Sie zu harte Schläge mit dem Meißel, da Sie sonst eine unter Druck stehende Wasserleitung beschädigen könnten.

Bevor Sie daran gehen, die Fliesen zu entfernen, vergessen Sie nicht, daß diese von einer beträchtlichen Stärke sind (alte Fliesen sind oft sehr dick). Zudem liegen sie häufig in einem Mörtelbett. Ist der Fliesenbelag erst einmal entfernt, muß in zahlreichen Fällen Beton oder Mörtel aufgegossen werden, um das Niveau des Raumes wieder anzuheben, bevor man dann ein neues Verlegen vornimmt. Das alles macht ziemlich viel Arbeit. Es ist daher oft einfacher, wenn das möglich ist, die alten Fliesen als Untergrund für den neuen Belag – Fliesenbelag, Teppichboden, Plattenparkett – zu benutzen. Man muß folglich eine leichte Erhöhung des Bodenniveaus in Kauf nehmen.

Das eigentliche Entfernen. Früher wurden die Fliesen in einer Sandbettung angeordnet und mit Zementmörtel verfugt. Die nach dieser Technik verlegten Fliesen sind ziemlich leicht zu entfernen, wenn man eine erste Fliese gelöst hat. Verwenden Sie einen Hammer und einen Steinmeißel. Zerbrechen Sie eine Fliese durch einen harten Schlag in deren Mitte. Entfernen Sie die Stücke. Führen Sie dann die Klinge des Meißels unter die anderen Kacheln, um sie abzuheben. Bei zerbrechlichen Kacheln,

77

77   Vorsichtiges Entfernen alter Sechseckfliesen mit Hammer und Meißel.

die leicht splittern, schlagen Sie am besten zuerst in die Fugen, ehe Sie sie anheben. Wenn die Fliesen auf einem Mörtelestrich (auf einer Betonplatte) mit einem Mörtelkleber verlegt sind, wird es schon schwieriger. Beginnen Sie auch hier mit dem Zerbrechen einer Fliese und versuchen Sie, die anderen nach und nach zu entfernen. Wenn die Haftung sehr stark ist, werden Sie wahrscheinlich einige zerbrechen. Verwenden Sie einen Maurermeißel, indem Sie ihn mit leichten Schlägen unter die Fliesen treiben.

Wandfliesen lassen sich in der Regel leicht entfernen. Auch hier verwendet man Meißel und Steinklopfer oder sogar leichtere Werkzeuge, wie etwa einen Spachtel, den man unter die Fliesen schiebt. Wenn Sie alte, kostbare und sehr zerbrechliche Fayencefliesen erhalten wollen, müssen Sie Vorsichtsmaßnahmen treffen. Sie können versuchen, ein Preßspanblatt auf die Fliesen zu kleben, um zu verhindern, daß sie zerbrechen, während Sie sie entfernen.

Bevor Sie die Fliesen wiederverwenden, müssen sie gesäubert werden, wobei vor allem die Mörtelreste an den Kanten entfernt werden müssen. Führen Sie diese Arbeit mit der Kante einer Kelle aus.

76   Herauslösen von Fliesen aus ihrem Mörtelbett.

Verlegen an der Wand

Sehr viele Fliesen, die an der Wand verlegt werden, sind aus Fayence, aber es gibt auch Fliesen aus Steingut oder sogar aus Stein (Marmor). Das Verlegen ist durch gebrauchsfertige Kleber und Abstandskreuze weitgehend vereinfacht, dennoch muß man die Untergründe gut vorbereiten.

Vorarbeiten

Wandfliesen müssen auf unversehrten, nicht feuchten, festen und absolut ebenen Untergründen verlegt werden. Es kommt nicht in Frage, sie auf einer Tapete oder auf einem mangelhaften Farbanstrich (alte Farbe) zu befestigen. Auf Lack in gutem Zustand kann man Fliesen kleben, unter der Voraussetzung, daß man vorher die gesamte Fläche aufrauht, damit eine gute Haftung gewährleistet ist. Oftmals ist zu empfehlen, möglichst viel von den Untergründen zu entfernen, auch wenn das Schleifen eine mühevolle Arbeit ist, die mit viel Staub verbunden ist. Darum sollten Sie bei dieser Art der Arbeit stets eine Schutzmaske tragen, damit Sie keine gesundheitlichen Schäden davontragen.

Tragen Sie auf alten Putz vorher einen Tiefengrund auf, der der Unterlage eine bessere Festigkeit verleiht. Verspachteln Sie größere Löcher. Kleinere Löcher von Nägeln oder Schrauben können Sie außer acht lassen. Sollte der Untergrund zum Teil aus Holz bestehen, wird dieses arbeiten, und man wird auf lange Sicht Verformungen des Fliesenbelags feststellen können; manche Fliesen können Risse bekommen oder sogar zerbrechen. Es ist daher besser, vorher einen ziemlich dicken Gipsputz aufzubringen oder in gewissen Fällen die Fliesen auf einer gegen Feuchtigkeit vorbehandelten Sperrholzplatte zu befestigen. Die sauberste und beste Lösung besteht darin, anstatt der Verwendung von Wasser auf einen »Elast«-Zusatz zurückzugreifen. Dies ist ein hochwertiger, gebrauchsfertiger Zusatz auf Kunstharzdispersions-Basis für Fliesenkleber. Dadurch entsteht ein Klebstoff, der ein erhöhtes Maß an Elastizität sicherstellt und ein Eindringen von Wasser verhindert.

Die heute verwendeten Fliesenkleber ermöglichen ein direktes Verlegen an einer Wand, ohne diese vorher zu verputzen, vorausgesetzt, daß diese absolut eben ist. (Vergessen Sie nicht das Anschleifen der Wand.) Wenn die Wände in einem guten Zustand sind (Lack insbesondere), beginnen Sie mit einer gründlichen Reinigung der gesamten Fläche mit Hilfe eines Reinigungsmittels. Dieser Arbeitsschritt ist unerläßlich für eine gute Haftung. Waschen Sie die Wand anschließend mit reichlich Wasser ab und lassen Sie sie trocknen.

Das Anreißen. Vertikale und horizontale Ausrichtung der Reihen muß peinlich genau eingehalten werden: Wasserwaage und Bleilot gehören zur Grundausstattung des Fliesenlegers. Das Vorreißen der ersten Reihe muß mit besonderer Sorgfalt ausgeführt werden; von ihr hängt ja letztlich die Ausrichtung aller anderen Reihen ab. Ein kleiner Fehler in der Senkrechten der ersten Reihe verschlimmert sich im allgemeinen. Ergebnis: der gesamte Fliesenbelag wirkt schief.

Richten Sie sich nicht nach dem Winkel einer Wand, wenn Sie die erste Reihe anreißen. In vielen Räumen, selbst in kürzlich entstandenen, sind die Winkel nicht lotrecht. Richten Sie sich aus demselben Grund auch nicht nach den Fußleisten, dem

Boden oder der Decke. Ziehen Sie eine horizontale und eine vertikale Achse in der Mitte des Untergrunds. Verwenden Sie dazu das Bleilot und die Wasserwage. Im allgemeinen richtet man es so ein, daß man unten an den Wänden keinen Verschnitt hat. Richten Sie sich in einem Badezimmer nach dem Rand der Badewanne, den Sie mit Hilfe der Wasserwaage überprüfen sollten.

Verlegen

Überprüfen Sie vor dem Verlegen der ersten Reihe, ob Sie genügend Fliesen haben, um die gesamte Verkleidung durchführen zu können. Sie benötigen außerdem Ab-

standskreuze aus Plastik, einen Zahnspachtel und einen Fugengummi. Statten Sie sich auch mit sauberen Tüchern aus und bereiten Sie die Schneidwerkzeuge vor.

Fliesenkleber. Die für die Befestigung von Fliesen verwendeten Mittel gibt es in Pulverform, das dann mit Wasser angerührt werden muß, oder schon fertig in Plastikbehältern. Die gebrauchsfertigen Kleber (Dispersionskleber) und vor allem »Flexkleber« sind einfacher zu verwenden als die Pulver und gewährleisten einen guten Halt

79   Komplett verlegte Bäder, weit mehr als ein reiner Nutzraum.

auf allen Arten von Wanduntergründen (darin eingeschlossen Holz, Spanplatten, Gipskartonplatten usw.). Der wesentliche Vorteil des Pulvers ist der Preis, der deutlich niedriger ist.

Sämtliche Fliesenkleber werden mit Hilfe von Zahnspachteln aufgetragen, die manchmal dem Kleber beigegeben sind. Es gibt Zahnspachteln aus Plastik, die besten aber sind die aus Metall mit Holzgriffen.

Das Verlegen der ersten Reihen. Tragen Sie den Kleber mit Hilfe der Spachtel auf. Arbeiten Sie zügig Bahn für Bahn, um innerhalb der Abbindezeit die Fliesen verlegen zu können. Plazieren Sie die erste Fliese an dem Schnittpunkt der beiden auf dem Untergrund angerissenen Achsen oder an dem von Badewannenrand und erster Achse gebildeten Winkel. Drücken Sie mit den Fingern darauf, damit die Fliese sich in den Kleber senkt und richtig sitzt.

Tragen Sie soviel Kleber auf, wie Sie für drei Reihen von etwa einem Meter Länge benötigen. Die Fliesenkleber lassen Ihnen genügend Zeit, um die Lage der Fliesen korrigieren zu können.

Gleichmäßige Fugen. Die Fliesen müssen einen gleichmäßigen Abstand voneinander haben.

Es gibt mehrere Methoden, um regelmäßige Fugen zu erzielen. Die einfachste besteht darin, Abstandskreuze aus Plastik zu verwenden, die es in Baumärkten und Fliesengeschäften zu kaufen gibt. Sie werden an den Ecken und bisweilen auch an den Kanten der Fliesen angebracht. Sie müssen ganz in den Kleber hineingedrückt werden, da sie als Einmalartikel anschließend von der Fugenmasse bedeckt werden. Es gibt Kreuze unterschiedlicher Größen, je nach gewünschtem Abstand. Darüber hinaus gibt es auch die Möglichkeit, Streichhölzer oder Schnüre zu benützen, die man beim Verlegen zwischen den Fliesen anbringt.

Noch eine andere Möglichkeit: Fliesenlegerecken mit einem Gummiband. Diese Ecken werden nach dem Verlegen einer

80

81

82

80 Vorbereiten des Untergrunds.
81 **Auftragen des gebrauchsfertigen Klebers mit einer Zahnspachtel entlang der Anreißlinie.**
82 **Ausrichten der ersten Fliese.**

Reihe auf die beiden äußeren Kanten der Fliesen gespannt, um so eine gleichmäßige und saubere Fuge zu erhalten. Gerade bei größeren Rundungen empfiehlt sich diese Methode, da in solch einem Fall die Fliesenlegerkreuze oft nicht in den entstandenen Fugen verschwinden. Letztendlich dienen all diese Methoden dazu, die Fugen zu kalibrieren (d. h., sie auf ein genaues Maß zu bringen).

Wichtig ist es also, darauf zu achten, daß die Fugen regelmäßig verlaufen. Bei einem nicht ganz ebenen Untergrund muß man leicht mit dem Abstand spielen, um kleinere Unterschiede auszugleichen.

83 Die Einfassung der Badewannen besteht meist aus Gipsplatten.

Zuschnitte. Die Fliesen werden meist für jede Reihe zugeschnitten, oder geschlossen am Ende des Verlegens. In diesem Fall muß man den Kleber nahe den Ecken entfernen, bevor er trocken ist. Jede zugeschnittene Fliese wird auf der Rückseite mittels einer Spachtel mit Kleber bestrichen, bevor sie verlegt wird. In Ecken dürfen die angrenzenden Fliesen nicht aneinanderstoßen. Auch hier muß man Abstandhalter einführen, um eine Fuge zu erhalten. Fayencefliesen lassen sich in der Regel leicht mit der Reißnadel oder der Fliesenlegerzange zuschneiden. Dennoch erleichtert ein Fliesenschneider die Arbeit weitgehend.

Man muß häufig mehrere Schnitte hintereinander durchführen; vorher sollte man

aber dennoch überprüfen, ob die Wand gerade ist. Man stellt oft leichte Abweichungen fest, die einen dazu zwingen, die Maße der Zuschnitte leicht zu verändern.

Verkleiden einer Badewanne

Das Verlegen von Fliesen um eine Badewanne stellt nicht nur eine Ausstattungsverbesserung dar, sondern es erleichtert auch die Reinigung des Bodens. Beginnen Sie das Verkleiden mit Hilfe von Gipsplatten, die man auf einem Metallprofil befestigt, oder man verwendet einen Wannenträger aus Styropor. Verspachtelt werden die Gipsplatten mit einer Füllspachtelmasse, um eine absolut ebene Fläche zu erzielen. Die Gipsplatten müssen so angebracht werden, daß die Fliesen genau unter den Rand der Badewanne passen. Man richtet ein Revisionstürchen nahe dem Siphon ein, damit man Reparatur und Wartung ohne große Probleme vornehmen kann. Die Maße dieser Klappe sollten denen der Fliesen angepaßt sein (4 Fliesen beispielsweise).

84

Verfugen

Bevor man mit dem Verfugen beginnen kann, muß man warten, bis der Fliesenkleber trocken ist. Sollte zwischen den Fugen überschüssiger Kleber sein, so sollten Sie diesen entfernen. Spuren des Fliesenklebers auf den Fliesen müssen Sie mit einem sauberen Lappen entfernen.
Verwenden Sie, um die Fugen auszufüllen, eine spezielle Fugenmasse, die mit Wasser angerührt werden muß. Diese Fugenmasse (Zementschlamm) ist grau, weiß oder farbig.
Die Fugenmasse wird ziemlich flüssig angerührt (ungefähr 3 Liter Wasser auf 10 kg). Dabei muß man kräftig umrühren, um Klümpchen auszuschließen, und die Masse dann etwa zehn Minuten ruhen lassen. Benutzen Sie einen Fugengummi, um die Fugenmasse gleichmäßig zu verteilen. Arbeiten Sie sorgfältig, aber zügig, und achten Sie darauf, daß die Masse in alle Fugen hineinläuft.

85

84   Ansicht einer Badewannenverkleidung aus Gipsplatten.
85   Auftragen des Klebers.
86   Anbringen der Fliesen.   86

87

87 Weiteres Verfliesen der Wanneneinfassung.

Beginnen Sie ca. 15−45 Minuten nach dem Verfugen mit der Reinigung. Verwenden Sie einen feuchten Schwamm und waschen Sie diesen häufig aus, damit Sie die Fugen nicht beschädigen. Nehmen Sie ein oder zwei Stunden später eine erneute Reinigung vor, um das helle Pulver der auf den Fliesen verbliebenen Fugenmasse zu entfernen.

Bereiten Sie keine zu großen Mengen zu. Die Verarbeitungszeit beträgt etwa eine Stunde nach dem Anrühren. Die Fugen müssen gleichmäßig sein, eher zurückliegend und niemals vorspringend. Fugenmassen enthalten wasserabweisende Mittel, die das Eindringen von Feuchtigkeit verhindern.

Abschlußarbeiten

In einem Feuchtraum oder einer Küche muß man die sanitären Installationen rundherum abdichten, indem man eine Silikonfuge mit Hilfe einer Handpistole und einer entsprechenden Kartusche aufträgt. Alle Haftflächen müssen gründlich gereinigt werden, damit sie staub- und fettfrei sind. Um einen geraden Abschluß zu bekommen, werden die Fugenränder mit einem Klebeband abgeklebt.

Bevor Sie mit dem Verfugen beginnen, nehmen Sie die Kartuschendüse ab und schneiden Sie mit einem scharfen Messer die Kartusche oben am Gewinde auf. Dann schrauben Sie die Düse auf und schneiden die Fugendüse entsprechend der Fugenbreite schräg ab. Daraufhin tragen Sie die Dichtungsmasse in die abgeklebte Fuge möglichst ohne abzusetzen auf. Denken Sie daran, daß Sie bei Arbeitsunterbrechungen den Sperrhebel drücken, damit keine Fugenmasse ausläuft. Nach dem Verfugen wird die Fuge mit Hilfe einer Spachtel geglättet oder aber mit einem Finger, den man mit einem Geschirrspülmittel befeuchtet hat. Vergessen Sie nicht, das Klebeband gleich mit zu entfernen.

88 Bestreichen des Revisionstürchens mit Kleber.
89 Verfliesen des Türchens.
90 Fliesen oberhalb eines Spülbeckens.
91 Auftragen einer Dichtungsfuge.
92 Glätten der Fuge.

88

89

90

91

92

Netzfliesen

Netzfliesen gibt es als ziemlich große Platten. Sie unterscheiden sich von »normalen« Fliesen lediglich dadurch, daß sie auf verschiedenen Materialien, wie Plastik, befestigt sind. Der Vorteil ist, daß ein schnelles Verlegen möglich ist. Sie ermöglichen es dem Heimwerker, kleine Fliesen in der Art eines Mosaiks ohne Schwierigkeiten zu verlegen, was einst Aufgabe von professionellen Fliesenlegern war, da es bei einem wirklichen Mosaik sehr schwer ist, die Richtung einzuhalten.

93 Problemloses Anrühren einer Fugenmasse für Netzfliesen.

Vorbereiten der Untergründe. Der Untergrund muß fest, unversehrt und absolut eben sein. Entfernen Sie Putze, die schlecht haften, oder verputzen Sie die, die abbröckeln, neu. Die ebene Beschaffenheit ist besonders wichtig, damit sich die Netzfliesen beim Verlegen nicht verformen. Gitterfliesen können auf alle Arten von Untergründen aufgebracht werden: Putz, Gipsplatten, Wandgipsplatten, Mörtelputz, behandeltes Holz, Span- und Sperrholzplatten.

Anreißen. Wie beim »normalen« Verfliesen muß man sich nach einer senkrechten Ach-

se richten. Man geht im allgemeinen von der Mitte einer Fläche aus und kalkuliert dabei die Lage der Achse so, daß ein Zerschneiden der Fliesen weitestgehend vermieden wird. In einem Badezimmer kann man von einer Achse ausgehen, die unterhalb des Waschbeckens angerissen wird, oder sich nach dem Rand der Badewanne richten.

Verwenden Sie eine Wasserwaage oder ein Bleilot zum Anreißen der Vertikalachse. Die Linie selbst kann mit Hilfe einer Schlagschnur oder mit einer langen Meßlatte gezogen werden.

Auch wenn man in der Mitte einer Fläche ohne sanitäre Installationen beginnt, muß man eine vertikale Ausgangsachse anreißen. Man kalkuliert ihre Höhe so ein, daß Schnitte am Fuß der Wand möglichst nicht vorkommen. Berücksichtigen Sie in Ihren Kalkulationen die Fugenstärke.

Wenn Sie Netzfliesen an zwei aneinanderstoßenden Wänden anbringen, reißen Sie eine neue vertikale Achse an der zweiten Fläche an. Gehen Sie nicht von der Kante aus, denn wenn diese nicht geradlinig verläuft, wird der Verlauf der Fliesen schief werden.

94

95

94 Die zu fliesende Fläche muß absolut sauber sein.
95 Markieren der vertikalen Achse.
96 Anreißen der Achse mit einer Schlagschnur.

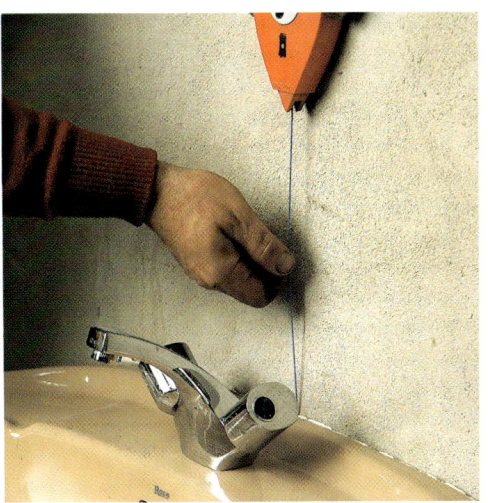

96

97

100

98

99

97 Auftragen des Klebers mit einer Zahn-spachtel.
98   Anbringen der Netzfliesen.
99   Kontrolle der senkrechten Lage.
100   Die Vorder- und Rückseite von Netzfliesen.

Verlegen. Die Verlegetechnik ist bei Netz-fliesen gleich der Technik bei »normalen« Fliesen; zu beachten ist aber die Größe der vorliegenden Platten.

● **Auftragen des Fliesenklebers:** Verwen-den Sie vorzugsweise einen gebrauchsferti-gen Fliesenkleber.

Ein Kleber in Pulverform, der mit Wasser angerührt werden muß, eignet sich auch, aber bereiten Sie nicht zuviel auf einmal da-von zu, um ihn innerhalb der Abbindezeit verarbeiten zu können.

Geben Sie den Kleber mit Hilfe eines Zahn-spachtels auf und drücken Sie dabei fest auf, um nicht zuviel von dem Mittel aufzu-tragen. Der Kleber muß gleichmäßig verteilt werden, da erhöhte Stellen eine Verfor-mung der Platten und mangelnde Ebenheit der Fliesenfläche bewirken können. Führen Sie keine kreuzweisen Bewegungen mit dem Spachtel aus, Sie könnten sonst zuviel Kleber abnehmen.

● **Verlegen der Platten:** Bringen Sie die er-ste Platte an, indem Sie sich sorgfältig nach der gezogenen Achse richten. Drücken Sie mit den Fingern jede einzelne Fliese an, da-mit sie in den Kleber eingedrückt werden und richtig sitzen. Streichen Sie dann mit einem Holzlineal über die ganze Platte, da-mit alle Kacheln auf demselben Niveau sind.

101

102

101 Auftragen des Klebers auf den restlichen
Teil der Fläche.
102 Verstreichen der Fugenmasse.
103 Arbeiten mit dem Fugengummi.
104 Endreinigung.

● **Die Fugen:** Verwenden Sie Abstandhalter
oder Fliesenlegerkeile wie bei einem »normalen« Fliesenbelag. Die Fugen zwischen
den Platten müssen identisch sein mit dem
Abstand der einzelnen Fliesen, damit die
Trennungslinien zwischen den Platten unsichtbar sind.
● **Verfugen:** Beginnen Sie nach dem Trocknen des Klebers (mindestens 24 Stunden)
das Verfugen. Tragen Sie die Fugenmasse
mit dem Fugengummi auf und sorgen Sie
dafür, daß sie gut verteilt wird. Reinigen Sie
nach 15−45 Minuten mit einem Schwamm,
den Sie diagonal über die Fliesen führen,
damit Sie die Fugen nicht auswaschen.
Nehmen Sie 2 Stunden später die Endreinigung vor.

103

104

Kleine Marmorplatten

Marmor ist ein edles natürliches Material und besonders dekorativ. Man kann heute geschnittene Marmorplatten in nahezu jeder Größe kaufen; sie lassen sich ohne Schwierigkeit nach derselben Technik wie »normale« Fliesen verlegen. Seien Sie jedoch vorsichtig im Umgang mit Marmor, da er leicht zerbricht.

Das Vorbereiten der Untergründe. Die Wände müssen unversehrt und absolut eben sein. Verspachteln Sie größere Löcher sorgfältig. Wenn die Verkleidung ihr schönes Aussehen beibehalten soll, bereiten Sie den Untergrund mit einem umweltfreundli-

chen, wasserabweisenden Mittel vor, nachdem Sie die Ursachen der Feuchtigkeit beseitigt haben. Es ist durchaus möglich, die Fliesen auf altem Lack zu verlegen, vorausgesetzt, er befindet sich in tadellosem Zustand und haftet noch gut.

Das Verlegen. Richten Sie sich wie bei einem Fliesenbelag nach einer vertikalen Achse, die Sie auf dem Untergrund anreißen. Man kann sich horizontal nach einer lotrechten Achse richten oder nach dem Rand einer Sanitärinstallation (Waschbecken, Badewanne), nachdem man deren

105   Ausrichten der Marmorplatte entlang den Achsen.

106

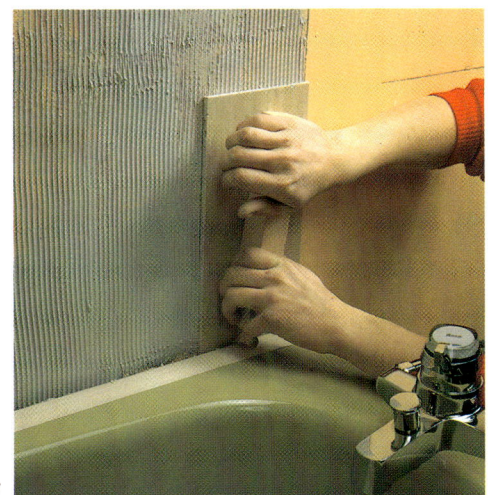

107

waagerechte Lage überprüft hat. Richten Sie sich nur nach einer Kante, wenn sie absolut gerade ist.

Tragen Sie den Kleber in einem einzigen Gang mit dem Zahnspachtel auf. Verwenden Sie einen normalen Fliesenkleber (vorzugsweise gebrauchsfertigen).

Bringen Sie die erste Platte an, indem Sie sie sorgfältig ausrichten. Drücken Sie sie mit den Fingern fest, damit sie richtig im Kleber sitzt. Um einen dauerhaften Halt zu erzielen, streichen Sie mit Hilfe eines Holzkeiles fest über die ganze Platte.

Verwenden Sie Fugenkreuze wie für einen Fliesenbelag, wobei ziemlich dünne vorzuziehen sind.

Das Verfugen geschieht nach frühestens 24 Stunden mit Zementschlamm, der je nach Farbton des Marmors mit Farbstoffen auf der Basis von synthetischen Oxiden gefärbt werden kann.

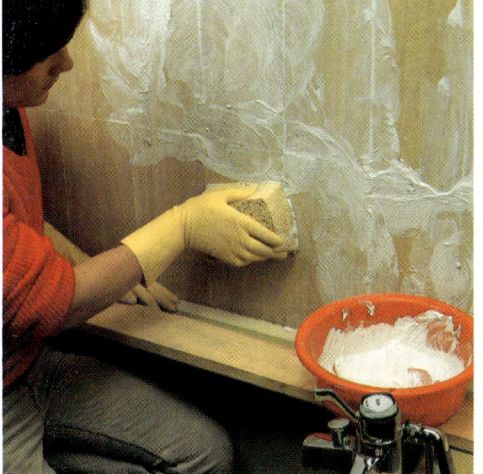

108

Abschlußarbeiten. Bringen Sie an den Rändern eine Dehnungsfuge aus Silikon an, wobei Sie auf die vorher angesprochene Gründlichkeit beim Verfugen achten sollten. Reinigen Sie danach den Fliesenbelag von den Zementschlammspuren und polieren Sie die gesamte Fläche mit einem sauberen Tuch.

106 Auftragen des Klebers auf die zu verkleidende Oberfläche.
107 Festes Andrücken mit Hilfe eines Holzklotzes.
108 Verfugen mit Schwamm und Fugenmasse.
109 Eine dauerelastische Fuge als Abschluß.

109

Verkleiden einer Säule

Das Verkleiden einer gekrümmten Fläche mit Marmorplatten oder keramischen Fliesen erfordert besondere Zuschnitte. Man muß ausreichend schmale Elemente verwenden, damit sie sich dem besonderen Profil dieser Fläche anpassen.

Vorbereiten der Säule. Der Untergrund muß gründlich gereinigt und entfettet werden. Er muß gleichermaßen absolut glatt und gleichmäßig sein. Da die auf die Säule geklebten Elemente klein sind, ist es wichtig, eine gute Haftung an allen Punkten zu er-

zielen, da sie sich sonst schnell lösen würden. Verspachteln Sie alle Löcher mit einer Füllspachtelmasse, die vor dem Verlegen völlig trocken sein muß. Beseitigen Sie kleine Unregelmäßigkeiten in der Oberfläche, die das Aussehen und die Planheit der Verkleidung verschlechtern würden.

Zuschnitte. Da hier das Zuschneiden zu einer wahren Arbeit wird, ist es angebracht, wenn Sie sich einen Fliesenschneider besorgen, den Sie in Fachgeschäften ausleihen oder kaufen können.
● **Errechnen der Maße:** Messen Sie den Umfang der Säule. Die Elemente müssen al-

110   Zuschneiden der Elemente.

le gleich breit sein. Hinzu kommt, daß Sie die Stärke der Fugen mit berücksichtigen müssen. Die Breite der Elemente hängt selbstverständlich vom Durchmesser der Säule ab; je kleiner dieser ist, desto schmäler werden die Elemente. Schneiden Sie der Einfachheit halber Schablonen aus dickem Karton zu, die Ihnen helfen werden, Irrtümer zu vermeiden.

Sie können mit dem Maß der Elemente in Abhängigkeit von der Breite der Fliesen herumprobieren, um den Verschnitt möglichst gering zu halten. Verwenden Sie **keine** Fliesen mit abgeflachten Rändern, da man hier die Ränder abschneiden muß, was einen erheblichen Mehraufwand bedeutet.

Schneiden Sie die Fliesen, die benötigt werden, zu und prüfen danach, ob die Größen richtig sind. Führen Sie alle Schnitte in Serie aus, so daß alle Elemente identisch werden.

Verlegen. Der Kleber kann direkt mit dem Zahnspachtel auf die Säule aufgetragen werden, manchmal jedoch ist es einfacher, ihn einzeln auf die Rückseite der Elemente zu streichen. Achten Sie darauf, den Kleber gleichmäßig zu verteilen, ohne zuviel davon aufzutragen.

Bringen Sie die Elemente an, indem Sie jedes einzelne fest aufdrücken. Überprüfen Sie im Lauf des Verlegens die horizontale und vertikale Lage. Verwenden Sie Fliesenlegerkeile oder kleine Plastikkreuze, um die Fliesen im richtigen Abstand zu halten.

Verfugen. Die Fugenmasse wird mit Hilfe eines Schwamms aufgebracht. Drücken Sie mit dem Schwamm ruhig auf, damit die Fugenmasse auch richtig tief in die Fugen eindringt. Beginnen Sie etwa nach einer Stunde mit der Reinigung der Fliesen. Spülen Sie den Schwamm öfters aus. Arbeiten Sie mit Vorsicht, da die ziemlich breiten Fugen leicht ausgewaschen werden können.

111

112

111   Verlegen an der Säule.
112   **Achten Sie auf Genauigkeit und gleichmäßigen Verlauf der Fugen.**
113   **Verfugen mit dem Schwamm.**   113

Befestigen von Gegenständen an gefliesten Wänden

Auch wenn Sie ein Badezimmer oder eine Küche gefliest haben, werden Sie an der gefliesten Wand einige Gegenstände befestigen müssen. In der Regel werden diese Gegenstände an die Wand geklebt oder mit Schrauben und Dübeln befestigt.

Kleben. Benutzen Sie Kleber nur für die Montage sehr leichter Gegenstände, wie einen Handtuchhaken und leichtes Badezimmerzubehör. Da man bei dieser Methode nicht bohren muß, ist sie praktisch und hat zudem noch den Vorteil, daß die Fliesen nicht beschädigt werden. Verwenden Sie am besten Spezialkleber und denken Sie daran, daß es darum geht, Gegenstände haltbar auf Fliesen, einem glatten Material, zu befestigen. Und das in einem Badezimmer oder einer Küche, Räumen mit einem ganz speziellen »Mikroklima«. Drei Arten von Klebern eignen sich für diesen Anwendungsbereich: Neopren-, Cyanacrylat- und Epoxydkleber.
● **Neoprenkleber** sind sogenannte Kontaktkleber, die zweiseitig aufgetragen werden. Man muß die Unterlage mit Kleber bestreichen und den Teil des Gegenstandes, der mit ihr in Kontakt kommt, nach der Trokkendauer von zehn bis zwanzig Minuten fest aufdrücken.
● **Cyanacrylatkleber** (besser bekannt unter dem Namen »Super-Kleber«) sind sehr leistungsstarke Mittel, haben aber einen relativ hohen Preis. Meist genügt ein Tropfen, um sofort zu kleben. Mehr Kleber schadet in der Regel auch der Klebekraft, da das Prinzip dieser Kleber Polymerisation (d. h., einfache Moleküle werden zu größeren Molekülen vereinigt) ist, und ein Mehr diesen Zusammenschluß und damit den Klebeffekt verhindern würde.
● **Epoxydkleber** werden auch als Zweikomponentenkleber bezeichnet: ein Epoxydharz (härtbares festes oder flüssiges Kunstharz) und ein Härter, die vor dem Auftragen gemäß den Herstellerinformationen vermischt werden müssen. Das Kleben erfolgt auch hier durch Polymerisation.
Wichtig ist, auf sauberen und gut entfetteten Flächen zu arbeiten. Als Reinigungs- und Entfettungsmittel wird häufig Trichloräthylen verwendet, eine nicht brennbare

farblose Flüssigkeit mit gutem Lösungsvermögen. Der Umgang damit ist jedoch nicht ganz ungefährlich, da es bei der Inhalation narkotisierend und hautreizend wirken kann. Verwenden Sie deshalb einen umweltfreundlichen Essigreiniger, der die gleiche Wirkung hat.

Bohren. Gebohrt werden muß bei Hängeschränken, Spiegeln und anderen relativ schweren Gegenständen. Stellt diese Arbeit bei einem gemauerten Untergrund kein besonderes Problem dar, so kann das bei Fliesen durchaus der Fall sein.
Ein Fliesenbelag ist tatsächlich eine glatte Fläche, auf der der Bohrer einer Bohrmaschine abrutschen kann. Es gibt hier zwei Lösungen: entweder man bohrt, soweit es geht, in die Fugen zwischen den Fliesen oder man bohrt in die Fliesen, nachdem man die gewünschte Stelle mit einem Klebeband abgedeckt hat.
Beginnen Sie die Bohrung mit einer langsamen Drehung des Bohrers (arbeiten Sie mit einer Bohrspitze aus Hartmetall), wobei die Bohrmaschine mit einem Tiefenschlag ausgestattet sein sollte. Achten Sie unbedingt darauf, daß die Bohrmaschine nicht auf Schlagbohren eingestellt ist.
Danach müssen Sie nur noch die Dübel in die Löcher stecken und die Halterungen befestigen.

114 Bringen Sie ein Klebeband an, damit die Bohrerspitze nicht abrutscht.

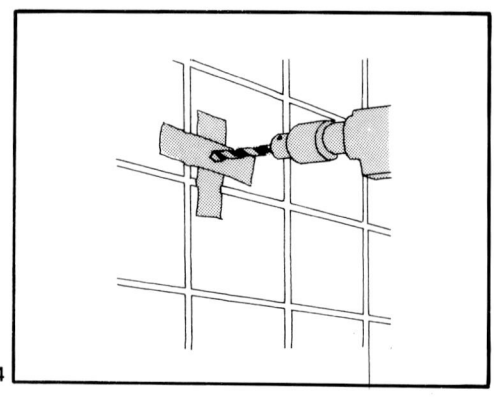

114

115

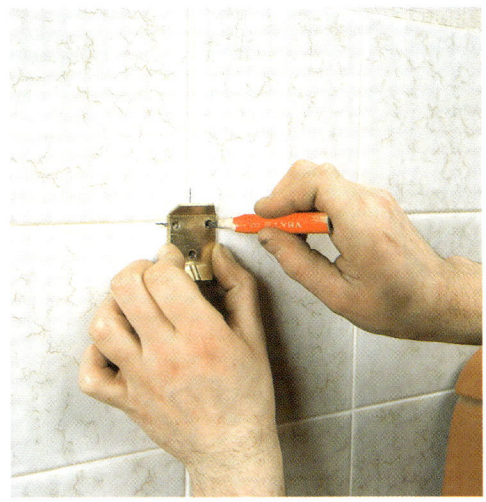

116

117

118

115 Markieren der Linien mit einer Wasserwaage.
116 Übertragen der Bohrlöcher.
117 Bohren.
118 Eindübeln.
119 Verschrauben der Halterung.

119

Verlegen am Boden

Es gibt zahlreiche Punkte, die für einen gefliesten Boden sprechen: Haltbarkeit, Wasserundurchlässigkeit, Einfachheit der Pflege usw. Die für das Verlegen notwendige Zeit und die Sorgfalt, die diese Arbeit erfordert, sind diesen Vorteilen durchaus angemessen.

Fertigen Sie einen maßstabsgerechten Plan des Raumes an, bevor Sie beginnen: Sie werden mit dessen Hilfe die Anzahl der benötigten Fliesen berechnen können, aber auch die eventuell zu überwindenden Schwierigkeiten und Hindernisse (Kamin, Ecken usw.) und die folglich vorzunehmenden Schnitte voraussehen können.

Berechnung der Fliesenanzahl

Wie viele Fliesen werden Sie benötigen? Stellen Sie der Fläche des Raumes die Maße der Fliesen gegenüber. Vergessen Sie nicht, die Fugen zwischen den Fliesen miteinzubeziehen. Kalkulieren Sie nicht zu knapp. Im übrigen werden Sie Verschnitt haben, den Sie nicht immer gebrauchen können. Im allgemeinen ist es immer klüger, einen zusätzlichen Mehraufwand von 5 bis 10% vorzusehen.

Verlegearten

Je nach Art und Zustand des Bodens, aber auch abhängig von Ihrer eigenen Erfahrung, werden Sie sich für das Verlegen auf Zementmörtel, bei weitem das Einfachste, oder für das Dickbettverfahren (eingelassenes Verlegen) entscheiden.

Auf Zementmörtel. Diese Methode erfordert einen perfekten Untergrund: haltbar, eben und trocken.
Er muß Fliesen durch einfaches Verkleben aufnehmen können. Zementmörtel wird gemäß den Herstellerhinweisen mit Wasser angerührt und dann auf dem Boden mit einer Spachtel aufgetragen. Zementmörtel bildet das »Bett«, in das die Fliesen gelegt werden.

Dickbettverfahren. Diese Technik ist komplexer, da sie auf einem kürzlich hergestellten Estrich ausgeführt werden muß. Die Fliesen werden also direkt in den Mörtel gebettet.

Wo beginnen?

Wenn der Raum keine absolut rechtwinklige Ecke hat, von der aus Sie beginnen könnten, gehen Sie von der Mitte des Raumes aus. Reißen Sie die lotrechten Achsen des Raumes an, um Ihren Ausgangspunkt festzulegen: ihr Schnittpunkt stellt den Winkel dar, in dem die erste Fliese verlegt wird.
Verlegen Sie so, daß die durchgehenden Fugen zwischen den Fliesen parallel zur Hauptlichtquelle verlaufen.

Verlegen eines Badezimmerbodens

Fliesen sind für Badezimmer sehr geeignete Verkleidungen: wasserundurchlässig und pflegeleicht. Farbnuancen und Motive schaffen eine absolut gelungene Ausstattung. Dennoch ist es ein ziemlich glattes Material, was in einem Badezimmer gefährlich sein kann: suchen Sie deshalb Fliesen aus, die nicht ganz so glatt sind (manche Hersteller bieten »Anti-Rutsch«-Fliesen an, die man beispielsweise auch in Schwimmbädern verwendet).

Da manche Fliesen porös sind, ist es zumindest für den hier vorgesehenen Verwendungszweck besser, sie vorher einer Spezialbehandlung zu unterziehen: dieser Schutz erweist sich ebenso für Küchen als unerläßlich.

Wählen Sie deshalb für ein Badezimmer Fliesen mit folgenden Eigenschaften: abnutzungsfest, trittfest, wasserbeständig, was aber nicht unbedingt heißt, daß sie wasserdicht sind, und schließlich beständig gegenüber chemischen Mitteln, insbesondere Pflegemitteln. Diese Angaben sind genormt, wobei Wandfliesen mit Abrieb 2−3 und Bodenfliesen mit Abrieb 4 klassifiziert werden. Achten Sie beim Kauf der Fliesen auf diese Normierungen, damit spätere Pro-

121   Das zum Verlegen notwendige Material.

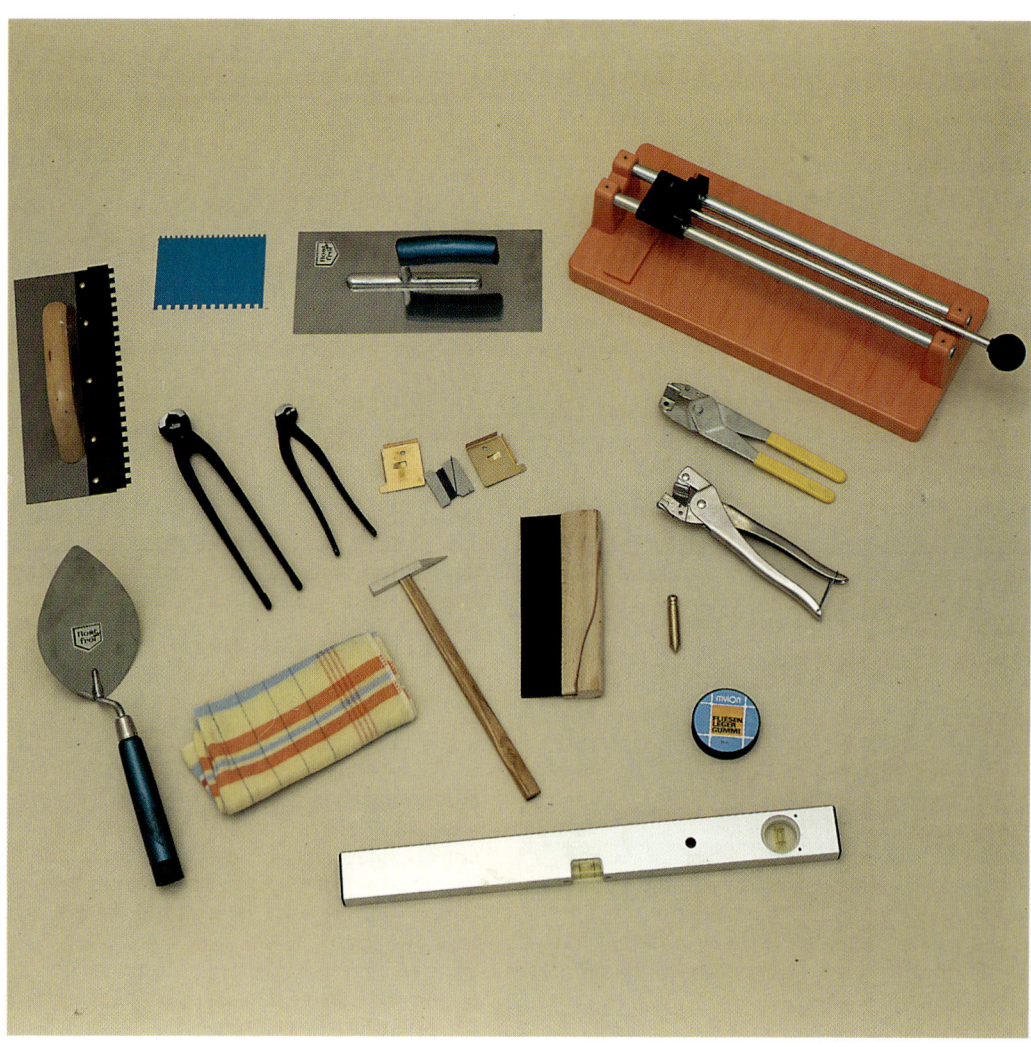

bleme wie Risse oder Sprünge schon beim Kauf vermieden werden.

Vorüberlegungen. Wenn Sie die Fliesen mit Hilfe eines Fliesenklebers verlegen wollen, warten Sie, bis der Estrich richtig trocken ist (acht Tage).

Berechnen Sie während dieser Zeit die Anzahl der Fliesen, die Sie benötigen werden, und kaufen Sie die nötige Menge, indem Sie stets einen kleinen Überschuß einkalkulieren. Planen Sie nicht zu knapp: bedenken Sie, daß Sie später vielleicht nicht so schnell die gleichen Fliesen bekommen können, und Sie infolgedessen Ihre Baustelle liegenlassen müßten ...

Stellen Sie auch, bevor Sie anfangen, die Werkzeuge und Produkte zusammen, die Sie brauchen werden; das wird Ihnen helfen, Ihre Arbeit zu planen, da Sie die verschiedenen Etappen im voraus überdenken müssen: Schnur, Winkel, Lineale, Kleber, Spachtel, Abstandskreuze, Wasserwaage, Hammer (oder Holzhammer), ein Keil zum Feststreichen, Fliesenschneider, Zange, Schleifstein usw.

● **Die »Farbnummer«:** Vergewissern Sie sich bei Kauf oder Erhalt der Fliesen, daß die Kartons dieselbe Farbnummer haben: das ist die Garantie dafür, daß alle Fliesen dieselbe Färbung haben. Aus diesem Grund ist es empfehlenswert, die gesamte Menge der benötigten Fliesen auf einmal zu kaufen.

Vorläufiges Anreißen. In einem Badezimmer ist es am einfachsten, das Verlegen von der Badewannenverkleidung aus zu beginnen. Das Trägermaterial (hier aus Gipsplatten) ist in der Regel senkrecht und absolut rechtwinklig und stellt folglich eine sichere Ausgangsbasis dar.

Übertragen Sie mit Hilfe der Anreißschnur die Verlängerungen der beiden Seiten der Badewanneneinfassung auf den Boden. Diese Linien stellen die Achsen dar, von denen aus Sie mit dem Verlegen beginnen können.

122

123

124

122 Betonplatte während der Herstellung.
123 Der Boden kann jetzt mit Fliesen bedeckt werden.
124 Richtscheite, im rechten Winkel angebracht, zur Begrenzung der zu fliesenden Fläche.

125

126

127

Verlegen mit Fliesenkleber. Fliesen Sie in mehreren Schritten, wobei die Größen der zu fliesenden Flächen abhängig von der Größe der Kacheln sein sollten. Nehmen Sie beispielsweise drei Kacheln und legen Sie sie provisorisch an ihren Platz, ohne dabei die notwendigen Abstände für die Fugen zu vergessen. Legen Sie zwei Richtscheite auf den Boden, mit denen Sie diese erste Fläche am Fuß der Badewanne begrenzen können. Das Weitere ist einfach: verstreichen Sie eine Schicht Kleber mit Hilfe des Zahnspachtels und bringen Sie die erste Reihe Fliesen an. Klopfen Sie mit einem Holzkeil leicht darauf. Vergessen Sie vor allem nicht, Freiräume zwischen den Fliesen für die Fugen zu lassen: fügen Sie daher Abstandskreuze, bisweilen auch kleine Streichholzköpfe oder kleine Kartonkeile, ein.

Nach dem völligen Trocknen des Klebers (rechnen Sie mit annähernd 12 Stunden) können Sie mit dem Verfugen beginnen. Entfernen Sie die Kreuze nicht und verteilen Sie die Fugenmasse mit Hilfe eines Fugengummis.

15−45 Minuten später (je nach Fabrikat), wenn das Abbinden eingesetzt hat, reinigen Sie die Oberfläche der Fliesen mit Quarzsand, dann mit einem Schwamm oder einem feuchten Scheuertuch. Warten Sie wenigstens einen ganzen Tag nach dem Verlegen ab, ehe Sie den Raum betreten; warten Sie wenigstens eine Woche, ehe Sie Möbel hineinstellen.

125   Die Breite der zu fliesenden Fläche entspricht drei Fliesen (nicht zu vergessen die Zwischenräume für die Fugen).
126   Auftragen des Klebers.
127   Gleichmäßiges Verstreichen des Klebers mit Hilfe einer Zahnspachtel.
128   Anbringen eines Abstandskreuzes.
129   Verlegen einer weiteren Fliese.
130   Ausgießen des Zementschlamms.
131   Füllen der Fugen mit einem Fugengummi.
132   Verstreuen von reinem Zement.
133   Endreinigung.

128

129

130

131

132

133

Verlegen in einem Bett. Bevor Sie sich für diese oder eine andere Verlegeart entscheiden, müssen Sie Art und Zustand des Untergrunds untersuchen. Das Verlegen in einem Bett mit Hilfe von Mörtelkleber kommt für verschiedene Untergründe in Frage. Sie müssen glatt, eben und sauber sein. Das einfachste ist, sich mit gebrauchsfertigem Fliesenkleber zu versorgen, der im Handel erhältlich ist.

● **Vorbereiten des Bodens und der Fliesen:** Die Vorbereitung des Bodens ist im wesentlichen gleich den übrigen Vorarbeiten. Man muß darüber hinaus den Boden anfeuchten und die Fliesen in Wasser tauchen, vor allem, wenn sie aus einem porösen Material sind.

● **Verlegen der Fliesen:** Verteilen Sie eine Mörtelschicht, nachdem Sie wie im vorangegangenen Fall die Verlegeachsen von der Badewannenverkleidung aus festgelegt haben. Sie müssen mit dem ersten Mörtelstreifen die erste Reihe Kacheln verlegen können. Verlegen Sie die folgenden Reihen unter Berücksichtigung der notwendigen Zwischenräume für das Ausfugen, das erst 24 Stunden später geschehen soll.
Verwenden Sie Abstandskreuze, um gleichmäßige Fugen zu erzielen.
Halten Sie die vom Hersteller empfohlene Fugenbreite ein. Wenn die Fläche des Raums 12 m^2 übersteigt, dann sehen Sie darüber hinaus eine Dehnungsfuge am Rand der Wände und den Senkrechten der Badewannenverkleidung vor. Diese 5 mm breite Fuge wird anschließend von der Sockelleiste verdeckt. Diese Vorsichtsmaßnahme beugt der unvermeidbaren Bewegung der Fliesen vor, die zu Ablösungen oder Rissen führen könnte.

134   Anreißen der Verlegeachsen.
135   Verlegen der ersten Fliese.

136   Festklopfen.
137   Verfugen.
138   Diagonales Verstreichen mit dem Fugengummi.

134

135

136

137

138

Einen Wohnraum mit Fliesen auslegen

Steingut (Spaltplatten oder glasiertes Steingut) ist ein sehr widerstandsfähiges Material, das selbst unter großen Lasten keine Risse bekommt oder verkratzt. Es ist in sehr unterschiedlichen Formaten erhältlich. Das Verlegen solcher Fliesen stellt kein besonderes Problem dar, vorausgesetzt, es geschieht auf einem gut vorbereiteten Untergrund.

Das hier gewählte Steingut hat eine helle und warme Farbe, die gut zu Holz und Kork paßt. Sie können aus den unterschiedlichsten Farbtönen auswählen, sollten sich dabei aber auch nach den Lichtverhältnissen des Raumes richten. Einen dunklen Raum zu fliesen ist nicht unbedingt notwendig: erstens würde der Raum dadurch nicht heller, und zweitens würde den Fliesen nicht der Wert beigemessen werden, den sie verdienen. Eine Ausnahme bildet das Fliesen im Keller, in dem sich ein Waschraum befindet. Hier ist es oft unerläßlich, zu fliesen.

In einem gut belichteten Raum dagegen stehen Ihnen alle Möglichkeiten frei, und Ihrer Phantasie sind in der Regel keine Gren-

139   Harmonische Gestaltung von Boden und Wand.

140

141

140 Anreißen einer Verlegeachse mit der Schlagschnur.
141 Anpassen der zweiten Achse.
142 Anreißen der zweiten Verlegeachse.

zen gesetzt. Sie sollten lediglich darauf achten, daß die Farben und das Muster, das Sie schaffen möchten, gut harmonisieren.
Wählen Sie die Fliesen mit Bedacht aus: ein Fliesenbelag ist keine neutrale Verkleidung, sein Farbton, seine Formen, aber auch die Motive, die er vielleicht hat, müssen zum Mobiliar passen. Lassen Sie sich eventuell von einem Verkäufer oder einem Raumausstatter beraten, der Ihnen, wie das in manchen Geschäften der Fall ist, gerne bei Ihrem Einkauf behilflich sein wird.

142

Wo mit dem Verlegen beginnen? Selten von den Wänden aus; wenn diese nämlich nicht rechtwinklig sind, wird der ganze Fliesenbelag nicht nur schief erscheinen, sondern auch sein. Das Verlegen der Fliesen geschieht von den zentralen Achsen des Raumes aus, so daß die Schnitte schließlich an den Wänden, am Rand der Sockelleisten, ausgeführt werden. Vergessen Sie in diesem Zusammenhang nicht, letztere zu entfernen, bevor Sie anfangen: sobald Sie mit dem Verlegen fertig sind, werden Sie diese ersetzen oder wieder anbringen.
Das Anreißen der beiden Achsen geschieht mit Hilfe einer Anreißschnur, eines Winkels und eines langen Richtscheits. Eine der Achsen muß entsprechend der Öffnung des Raumes festgelegt werden, der Haupttür,

wenn es mehrere gibt. Wenn Sie sich der Rechtwinkligkeit der Wände gewiß sind, können Sie das Verlegen auch von einer der Ecken aus beginnen.
Wenn die Achsen angerissen sind, fertigen Sie einen Plan an, auf den Sie Ihre Linien übertragen: Wenn Sie die Fliesen (maßstabsgerecht) darauf übertragen, können Sie nicht nur deren Menge berechnen, was in einem regelmäßigen Raum ganz einfach ist, da sie in Quadratmetern angegeben werden, sondern auch die vorzunehmenden Schnitte und ihre mögliche Lage.
Sie können dann mit dem Verlegen beginnen, wobei die durchgehenden Fugen zwischen den Fliesen parallel zum Lichteinfall liegen sollten, um weniger sichtbar zu sein.

143

143   Auftragen des Klebers.
144   Verlegen von Fliesen mit unterbrochenen Fugen.

144

145

146

145 Ansicht im Verlauf des Verlegens.
146 Zuschnitte werden nah an der Wand ausgeführt.
147 Aufnehmen der Maße für die Zuschnitte.
148 Übertragen der Maße auf die Fliese.

147

148

Verlegen. Befeuchten Sie den Boden, bevor Sie den Kleber auf dem Ausgangsbereich in einer der vier durch die beiden Achsen gebildeten Ecken verstreichen. Riffeln Sie den Kleber mit Hilfe eines Zahnspachtels, wodurch Sie eine gleichmäßig dicke Schicht erhalten werden. Verlegen Sie dann die Fliesen, indem Sie die notwendigen Zwischenräume für die Fugen freilassen. Legen Sie die erste Reihe (gemäß der Markierung) nach beiden Seiten bis zu den Wänden. Machen Sie jetzt keine Zuschnitte, sondern warten Sie damit bis zum Ende, wenn alle Fliesen verlegt sein werden. Korrigieren Sie eventuell die Lage einer Fliese mit dem Stiel eines Hammers oder einem Keil.

Verlegen Sie die zweite Reihe ebenfalls von der Mitte aus. Wenn Sie sich für eine Verlegeart mit unterbrochenen Fugen entscheiden, (s. Abb. 144) bestimmen Sie die Mitte der ersten Fliese und legen Sie diese auf die Ausgangsachse; das werden Sie dann in jeder zweiten Reihe wiederholen.

Kontrollieren Sie immer mal wieder die Planheit mit einer Wasserwaage. Wenn der ganze Bereich auf der einen Seite der Achse bedeckt ist, gehen Sie den nächsten an.

149

**149, 150 Schneiden und Anbringen der Rand-
elemente.**

Zuschnitte. Sie sollten vorgenommen werden, wenn die Mehrzahl der Fliesen verlegt
ist. Durch dieses Systematisieren der Arbeiten wird das Verlegen erleichtert.
Beginnen Sie damit, die genauen Maße der
zu bedeckenden Lücke zwischen der letzten verlegten Fliese und dem Fuß der Mauer
genau auszumessen. Wenn diese geradlinig ist, genügt es, ein Maß zu nehmen; zwei,
wenn mit unterbrochenen Fugen verlegt
wurde. Es ist aber klüger, jedesmal zu überprüfen, ob das angenommene Maß noch für
den folgenden Zuschnitt paßt.

150

Bevor Sie die notwendige Länge auf die zu schneidende Fliese übertragen, ziehen Sie 5 mm davon ab, um eine entsprechende Lücke zwischen dem Fliesenbelag und dem Fuß der Mauer herzustellen. Die Lücke wird als Dehnungsfuge dienen und von der Fußleiste überdeckt werden.

Die notwendige Länge des Zuschnitts ist also das gesamte Feld zwischen dem Rand der letzten Fliese abzüglich der Fuge und abzüglich der 5 mm für die Dehnungsfuge. Zeichnen Sie die Schnittlinie auf die Fliese. Der Zuschnitt geschieht dann in zwei Schritten, Einkerben mit dem Fliesenschneider, dann Abtrennen des Rests mit Hilfe der Spezialzange, die mit dem Fliesenschneider geliefert wird. Führen Sie den gerade geschnittenen Rand über einen Karborundstein und zwicken Sie die größten noch verbleibenden Unebenheiten mit der Kantenzange ab. Das alles ist nicht sehr kompliziert, aber wenn Sie es das erste Mal machen, sollten Sie besser erst mit alten Kacheln üben, für die Sie keine Verwendung mehr haben.

Bringen Sie die zurechtgeschnittenen Elemente an, ohne dabei die Fugen zu vergessen.

Verfugen. Warten Sie ab, bis der Kleber völlig trocken ist, ehe Sie mit dem Verfugen beginnen (24 Stunden, nachdem alle Kacheln verlegt sind). Dafür verwendet man reinen Zement oder oft auch Zementschlamm, der gefärbt werden kann, um ihn dem Farbton des Fliesenbelags anzupassen. Rühren Sie das Mittel gemäß den Angaben auf der Verpackung an und verstreichen Sie es mit einem Fugengummi: es wird so alle Lücken zwischen den Fliesen gleichmäßig ausfüllen. Um die Haltbarkeit zu erhöhen, bestreuen Sie dann die ganze Fläche mit trockenem Zement und wischen Sie sie am Schluß mit einem feuchten Scheuerlappen ab. Achten Sie bei diesen Arbeitsgängen unbedingt darauf, diagonal und nicht in Fugenrichtung vorzugehen, und ziehen Sie vor allem Gummihandschuhe an, da Zementschlamm ein ätzendes Mittel ist.

Abschlußarbeiten. Selbst nachdem Sie mit einem Scheuerlappen oder einem feuchten Tuch gewischt haben, bleiben noch Zementschlammspuren. Sie können sie ent-

151

152

151   Ausfüllen der Fugen mit Zementschlamm.
152   Reinigung mit Hilfe von Quarzsand.

fernen, indem Sie Quarzsand über die ganze Fläche streuen. Scheuern Sie zunächst und kehren Sie dann.

Lassen Sie einen Tag verstreichen und befeuchten Sie die Fläche erneut. Benutzen Sie kein Pflegemittel vor dem völligen Trocknen, was bei porösen Materialien drei Monate dauern kann. Aber seien Sie unbesorgt; Sie können zwei Tage nach dem Verlegen den Raum möblieren und sich darin bewegen.

153

154

155

Dickbettverfahren

Diese Methode kann angewandt werden, wenn der Estrich soeben fertiggestellt wurde: er ist noch nicht trocken, und so ist es möglich, die Fliesen direkt auf dem Mörtel zu verlegen. Es handelt sich dabei um eine komplexere Technik als die vorher besprochenen; sie hat den Vorteil, daß man die Fliesen direkt verlegen kann, ohne das Trocknen des Estrichs abwarten zu müssen, und aus diesem Grund wird sie vor allem von Fliesenlegern praktiziert, die ja, wie jeder weiß, keine Zeit zu verlieren haben ...

Vorbereiten des Estrichs. Der Estrich ist noch nicht trocken; wenn nötig, befeuchten Sie ihn. Bestreuen Sie ihn mit reinem Zement; dadurch entsteht an der Oberfläche eine höhere Dichte, die die Haftung des Fliesenbelages verbessert. Das ist, wie Sie schon wissen, unerläßlich, da man hier weder Zementkleber noch Fliesenkleber verwendet. Sie können mit dem Verlegen der Fliesen in dem Moment beginnen, in dem der reine Zement zu »schmelzen« beginnt. Das ist das Zeichen, daß er anfängt abzubinden.

Verlegen der Fliesen. Es ist hier nicht möglich, die zentralen Achsen des Raumes anzureißen. Sie müssen mit dem Verlegen von einer Ecke des Raumes aus beginnen, möglichst der, die im Winkel ist. Fangen Sie nicht direkt an der Mauer an, lassen Sie eine kleine Lücke frei, die von der Fußleiste verdeckt werden wird.
Achten Sie von Zeit zu Zeit auf die Richtung der Fliesen, ihre horizontale Lage und auf die Gleichmäßigkeit der Fugen. Verwenden Sie ein Richtscheit mit geraden Kanten, um die Fliesen auszurichten. Verschieben Sie es nach und nach. Verwenden Sie für Ihr Vorrücken ein Brett, auf dem Sie arbeiten können, ohne zu riskieren, die bereits verfliesten Bereiche zu beschädigen. Schlagen Sie auf die Fliesen, damit sie richtig sitzen, indem Sie ein Stück Holz unterlegen.

153 Anbringen eines Bretts, um nicht auf die Fliesen treten zu müssen.
154 Weiteres Verlegen entlang einer Führung.
155 Festklopfen.

Abschlußarbeiten. Wenn die Fliesen verlegt sind, geschieht das Verfugen auf dieselbe Art, die wir bereits angesprochen haben.

156 Verfugen mit Zementschlamm.
157 Abschluß des Verfugens durch das Verstreuen von reinem Zement.

156

157

Verlegen auf Parkett

Es ist richtig, daß eine solche Lösung besonders verlockend ist, vor allem, wenn man beschließt, die Einrichtung der Wohnung oder des Hauses zu verändern, oder wenn das Parkett zu alt ist, um noch erhalten zu werden. Es ist in der Regel nicht unmöglich, ein altes Parkett mit Fliesen zu belegen, vorausgesetzt, man ergreift alle Vorsichtsmaßnahmen.

Notwendige Fragen. Sie werden in erster Linie von der Natur des Untergrunds selbst gestellt. Holz ist ein lebendes Material, das »atmet«: wie soll es, wenn ein Estrich und ein Fliesenbelag darauf kommen werden, »weiterleben« können?
Holz ist zudem ein Material, dem Feuchtigkeit Schaden kann. Diese Risiken betreffen nicht so sehr die Dielen des Parketts, sondern viel eher die Balken und Latten, die das Parkett tragen. Wie soll man die Folgen der Feuchtigkeit vermeiden, die ja ein Verformen des Fußbodens mit sich brächte? Schließlich mußten die Trägerbalken bis dahin dem Gewicht des Bodens angemessen sein. Ursprünglich waren sie für eine solche Funktion konzipiert. Werden sie das manchmal beträchtliche zusätzliche Gewicht eines Fliesenbelages tragen können?

Es sind viele Fragen, die man sich stellen muß und auf die man eine Antwort finden muß, bevor man eine Veränderung dieser Art ins Auge faßt. Seien Sie sich der Kosten bewußt, die die nötigen Vorarbeiten mit sich bringen.

Beschaffenheit des Bodens. Wenn auch jeder Fall besonders untersucht werden muß, so ist es dennoch möglich, allgemeingültige Zustände genau zu beschreiben, sofern sie das Verlegen betreffen.
Halten wir zunächst einmal fest, daß der Boden, auch wenn er vielleicht alt ist, dennoch stabil und haltbar ist, da er als Untergrund dienen muß.
Man muß in Betracht ziehen, ihn an den Stellen, an denen er am schwächsten ist, zu verstärken.
Was das Gewicht des Fliesenbelags angeht und die Haltbarkeit des Trägermaterials, so ist die einzig mögliche Lösung die, sich an den Architekten zu wenden, nach dessen Anweisungen das Haus gebaut wurde, oder, wenn Sie den nicht finden können, an einen Baufachmann, der Sie beraten kann.
Wenn Sie Mieter sind, werden Sie natürlich wissen, daß Sie sich vorher die Zustimmung des Besitzers zu solchen Arbeiten einholen müssen.

158 Reinigung des Bodens.
159 Oberflächenbehandlung der Holzböden.

158

159

Nun zu den Problemen hinsichtlich einer Feuchtigkeitszunahme, vor allem bei Böden, die oberhalb eines nicht beheizten Raums oder direkt in der Erde liegen: In diesem Fall läßt der Fußboden die Feuchtigkeit durch, und zwischen Untergrund und dem direkt darüberliegenden Raum stellt sich ein gewisses Gleichgewicht ein. Verlegt man aber Fliesen darauf, besteht die Gefahr, daß diese eine thermische Sperre darstellen, die das Holz des Parketts am Atmen hindert. Um das zu vermeiden, muß man an jedem Ende Öffnungen zwischen den Latten herstellen, durch die das Holz dann weiterhin wird atmen können. Sie werden auch hier einen Fachmann brauchen.

160 Grundieren des Holzbodens.
161 Anrühren einer Holzbodenspachtelmasse.
162 Verspachteln des Holzbodens.
163 Anrühren einer Spachtelmasse.

160

161

162

163

Vorbereitung des Parketts. Wenn alle vorangegangenen Fragen gelöst sind, können Sie damit beginnen, das Parkett vorzubereiten.

Entgegen den weiter oben angeführten Nachteilen, auf die wir Sie aufmerksam gemacht haben, muß man sagen, daß es praktisch ist, über einen Untergrund zu verfügen, auf dem man schnell und ohne viel Arbeit die Ausstattung verändern kann. Das wird Sie auch zu Ihrem Entschluß bewogen haben. Sie werden selbstverständlich einige Löcher oder zu große Spalten zwischen zwei Dielen verschließen müssen, die Befestigung einer Diele verstärken, die sich hebt, einen Nagel einschlagen, einen anderen herausziehen, abschleifen und entfet-

164

165

ten, all die Dinge, die bereits in dem Kapitel über die Vorbehandlung von Böden angesprochen wurden. Wenn Sie jedoch an der auf den Fotos dargestellten Lösung festhalten, werden Sie den Boden gar nicht neu verputzen müssen, da die Mittel, die wir vorstellen, und die leicht zu gebrauchen sind, eine ausreichende Befestigungsschicht darstellen.

Vorbereitung der Oberfläche. Die auf den Fotos beschriebene Technik geschieht in drei Schritten: Auftragen eines Haftgrunds, dann einer Ausgleichsmasse und darauf schließlich eines Klebers, auf den die Fliesen verlegt werden.

● **Haftgrund:** Es handelt sich hierbei um ein Zweikomponentenmittel, das zu gleichen Teilen vermischt werden muß (noch einfacher geht es mit den gebrauchsfertigen Grundierungen). Das Ergebnis ist eine zähe Flüssigkeit, die mit Hilfe einer Rolle auf das Parkett aufgestrichen werden muß. Selbstverständlich haben Sie dieses vorher entstaubt.

Wenn der Haftgrund trocken ist, stellt er einen dünnen, durchsichtigen Film dar.

● **Spachtelmasse (Holz-Bodenspachtel):** Warten Sie, bis die vorangegangene Schicht trocken ist, bevor Sie die Ausgleichsmasse verstreichen. Bereiten Sie diese zu, indem Sie sie in etwas Wasser lösen; halten Sie sich an die Angaben auf der Verpackung. Verstreichen Sie das Mittel mit Hilfe eines Reibebretts und zwar so, daß es eine Dicke von 3 bis 5 mm hat. Es füllt alle Lücken und liefert Ihnen eine ebene und glatte Fläche, dazu geeignet, mit Fliesen belegt zu werden. Lassen Sie die Schicht 24 Stunden trocknen.

Verlegen der Fliesen. Das vorbereitete Parkett stellt eine absolut stabile Oberfläche dar, die problemlos verfliest werden kann; verlegt wird auf dieselbe Art wie vorher beschrieben.

Beginnen Sie mit der Zubereitung des Klebers. Verstreichen Sie ihn mit einem Zahnspachtel, wodurch Sie eine gleichmäßige Verteilung erzielen. Legen Sie dann die Fliesen so darauf, daß sie gut auf dem Kle-

164 Ausgießen der Spachtelmasse.
165 Gleichmäßiges Verteilen mit einer Bodenspachtel.

ber halten; dazu schlagen Sie vorsichtig mit der Faust (s. Abb. 168) oder mit einem Holzkeil darauf. Wir haben hier Fliesen von 30×30 cm genommen, die im Viererverbund ein Motiv mit einer zentralen Raute bilden. Verlegen Sie die Fliesen so, daß Sie die notwendigen Fugen berücksichtigen, aber ohne sich im Augenblick über das Anbringen des zentralen Motivs Gedanken zu machen. Beginnen Sie mit dem Verlegen entweder an einer Wand, wenn Sie sich der Rechtwinkligkeit sicher sind, oder an der Kreuzung der beiden Raumachsen, die Sie auf der trockenen Ausgleichsmasse angerissen haben. In diesem Fall genügt es, die Kacheln so zu plazieren, daß ihre Seite nach der Verlegeachse ausgerichtet ist.

166

167

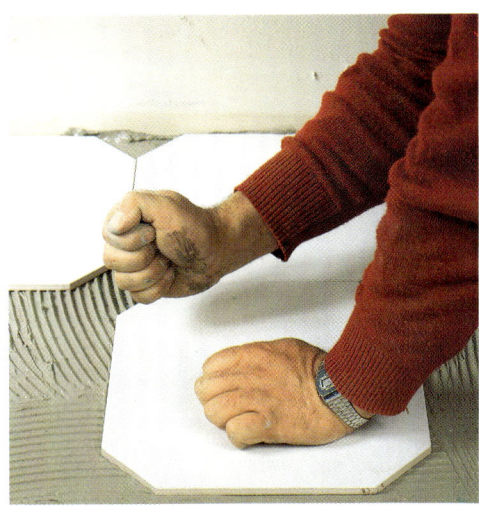

166 „Zahnen" des Klebers.
167 Verlegen der Fliesen.
168 Festklopfen.

168

Das zentrale Motiv stellt keine Schwierig-keit dar: es wird eingefügt, sobald die Hauptfliesen verlegt sind (s. Abb. 169).

Abschlußarbeiten. Wenn Sie die Fläche be-deckt und die zentralen rautenförmigen Elemente eingefügt haben, beginnen Sie mit den notwendigen Zuschnitten und zwar so, daß Sie die Anschlußstücke nahe der Wand anfertigen.

Anschließend können Sie die Spezialele-mente anbringen, die als Fußleisten dienen. Sorgen Sie dafür, daß die Fugen mit denen der Fliesen zusammenfallen; dadurch wird der geometrische Eindruck, den diese Art

von Motiv hervorruft, noch verstärkt. Wenn Sie damit fertig sind, beginnen Sie mit dem Verfugen und säubern Sie dann die Fläche.

Ein neuer Boden. Die Verwendung der auf den Fotos dargestellten Produkte macht es nicht nur möglich, auf einem alten Parkett »einen neuen Boden zu verlegen«, sondern auch auf alten Kunststoffplatten, einem al-ten Linoleumbelag und sogar einem alten Fliesenbelag. Und das alles, ohne bedeu-tende Arbeit leisten zu müssen, was jeder schätzen wird. Voraussetzung ist aber, daß die Böden absolut fest halten müssen, also keine losen Stellen haben dürfen.

169 Anbringen des zentralen Motivs, das an vier Fliesen anstößt.

169

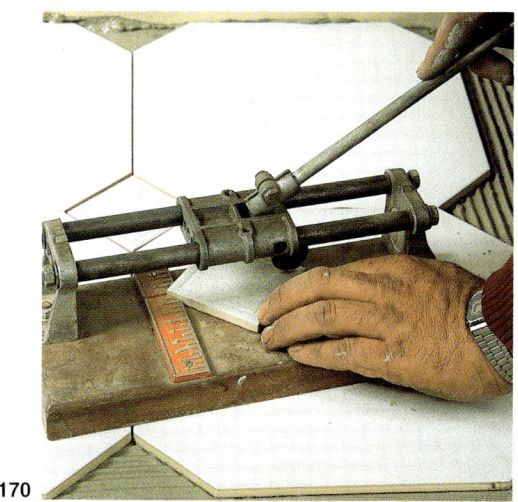

170

170   Schneiden mit dem Fliesenschneider.
171   Anbringen der zugeschnittenen Teile.
172   Aufbringen des Klebers an die Wand für
die Sockelleisten.
173   Anbringen der Sockelleisten.

171

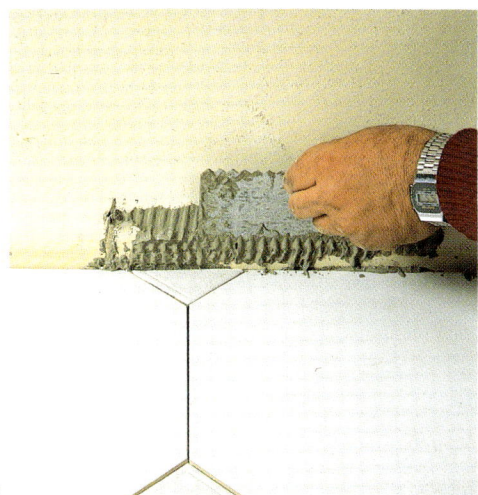

172

173

Fliesen einer Stufe

Ein pflegeleichter und strapazierfähiger Fliesenbelag stellt eine sehr interessante Verkleidung für Stufen einer Freitreppe oder einer Verbindung ins Kellergeschoß dar. Man muß natürlich das geeignete Material aussuchen und folglich auf seine Klassifizierung achten. Wählen Sie einen Belag, der abnutzungs- und abdruckbeständig ist. Steingut eignet sich sehr gut für diesen Verwendungszweck, aber nehmen Sie keine glasierten Platten, die für eine Treppe zu rutschig sind. Wenn die Stufen im Außenbereich liegen, müssen die Fliesen darüber hinaus unbedingt frostfest sein. Die betreffenden Fliesen müssen diese Garantie beinhalten: Überprüfen Sie das beim Kauf und lassen Sie sich diese Eigenschaft schriftlich bestätigen.

Verlegen. Sie finden im Handel Sonderelemente für Treppenstufen, aber Sie können sie sehr gut selber aus Fliesen herstellen, nachdem Sie die nötigen Größen zurechtgeschnitten haben.

Bevor Sie mit dem Verlegen beginnen, prüfen Sie die Stabilität und Sauberkeit des Untergrunds. Wenn es sich wie hier um Beton handelt, reinigen und entfetten Sie ihn, wie Sie das mit einem Estrich getan hätten.

Die Fliesen werden mittels Fliesenkleber verlegt, indem man sie gemäß dem Fortschreiten der Arbeit einklebt. Um eine Treppe zu fliesen, beginnt man in der Regel unten und bedeckt dabei jeweils Trittstufe (horizontal) und Setzstufe (vertikal). Richten Sie dabei die Fugen so gut als möglich vertikal und horizontal aus. Die Verbindung an der Stufenkante muß perfekt sein. Man kann sich jedoch für diese Stelle der im Handel erhältlichen Sonderelemente bedienen, aber der abgerundete Rand, den diese Treppenkanten haben, kann unter Umständen gefährlich sein. Sie sehen auf den Fotos, daß die für die Stufen verwendeten Fliesen eine Anti-Rutschkante haben.

Warten Sie, bis der Kleber trocken ist, bevor Sie die Fugen, auch hier mit Zementschlamm, ausführen. In unserem Beispiel wurde dieser gefärbt, um mit dem Ton des Steinguts zu harmonieren. Verstreichen Sie das Mittel mit einem Fugengummi. Wenn es in alle Fugen gut eingedrungen ist, reinigen Sie zunächst mit einem feuchten Schwamm, dann mit einem Lappen. Warten Sie 48 Stunden, bevor Sie die Treppe benutzen.

Achten Sie darüber hinaus auf zwei wichtige Aspekte: Je flacher eine Treppe angelegt wird, um so breiter sollten die horizontalen Trittstufen sein. Versuchen Sie, Ihre Treppe so anzulegen, daß sie immer eine ungerade Stufenzahl hat, da dies, ähnlich der Anzahl von Blumen in Sträußen, immer schöner und harmonischer wirkt.

174

175

174 **Verkleiden einer Setzstufe.**
175 **Aufbringen des Klebers auf die folgende Setzstufe.**

176

179

177

180

176   Anbringen des Klebers auf eine Trittstufe.
177   Festklopfen mit dem Griff eines Hammers.
178   Verfugen.
179   Reinigung mit einem feuchten Schwamm.
180   Endreinigung.

178

Ein »opus incertum«

Dieser Begriff bezeichnet eine Art von Verbund, der vor allem für Steine benutzt wird und da insbesondere für Bruchsteine mit unregelmäßigen Formen, aber schönem Aussehen. Dies setzt das »opus incertum« dem römischen Plattenverbund – einem sehr regelmäßigen – entgegen.

Abgesehen von der Tatsache, daß ein solcher Verbund sich sehr gut für das rohe und natürliche Erscheinungsbild der Steine eignet, hat er den Vorteil, daß man unterschiedlich geformte Elemente verwenden kann, ohne sich um die Regelmäßigkeit der Schnitte oder eine Symmetrie kümmern zu müssen. Gerade die Unregelmäßigkeit zeichnet das »opus incertum« aus.

Diese Anordnung eignet sich nicht nur für Böden im Außenbereich, wie man sie häufig bei Terrassen, Fahrwegen, Wegen oder Stufen sehen kann. Man wählt sie manchmal auch für den Innenbereich, etwa für einen Eingangsbereich oder einen Wohnraum, wo sie dann den rustikalen Charakter hervorhebt.

Auswahl der Steine. Wenn die Platten im Freien verlegt werden sollen, müssen Sie zuerst kontrollieren, ob das verwendete Material nicht frostempfindlich ist. Man darf also keine porösen oder zu kalkhaltigen Steine nehmen.

Ob Sandstein, harter Schiefer, Schiefer, Juragestein, Porphyr usw.: treffen Sie Ihre Wahl unter Berücksichtigung des Hauscharakters, der Färbung der anderen Verkleidungen, des Mobiliars usw.

Außer diesen ästhetischen Kriterien sind da noch jene, nicht weniger wichtige, des Preises und der Nachkaufmöglichkeit. Tatsächlich ist es häufig einfacher, einheimische Steine zu verwenden, die zudem, falls man sie im Außenbereich verlegt, gut zur Umgebung passen. Aber das ist nicht der einzige Vorteil einheimischer Steine. Sie sind in der Regel auch billiger als ein Material, das aus

181   Anlegen eines Mörtelbetts.

181

182   Verlegen der ersten Platte.
183   Festklopfen.

182

183

einer anderen Gegend kommt, denn Stein ist schwer (1 m^3 wiegt mehr als eineinhalb Tonnen, manchmal fast zwei Tonnen), und daher ist der Transport schwierig und kostspielig.

Verlegetechniken. Sie sind unterschiedlich, je nachdem, ob es sich darum handelt, eine Terrasse, einen Weg, eine Treppe oder einen befahrbaren Weg herzustellen. Sie hängen auch von der Beschaffenheit des Bodens ab, auf dem die Platten verlegt werden sollen.

● **Bodenbeschaffenheit:** Es ist sehr wichtig, den Zustand des Bodens vor Beginn der Arbeiten zu untersuchen und eventuell zu verändern. Der Boden muß fest und gut entwässert sein, und wenn das nicht der Fall ist, muß Abhilfe geschaffen werden. Ein zu schwerer (toniger) Boden, der, undurchlässig wie er ist, Regenwasser aufstauen würde, muß eventuell gelockert werden. Führen Sie in diesem Fall Sand zu. Schließlich werden Sie je nach der Verlegeart, für die Sie sich entscheiden, den Boden aufbereiten.

184   Kontrolle der waagerechten Lage.

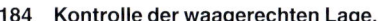

Verlegen in Mörtel. Hier werden die Platten nur in ein Mörtelbett verlegt und dann verfugt. Beginnen Sie damit, den Boden etwa 5 cm tief auszuheben, entsprechend der ungefähren Tiefe des Mörtelbetts.

Rühren Sie Mörtel in folgendem Mischungsverhältnis an: drei Teile Sand, einen halben Teil Zement und einen halben Teil Kalk. Verteilen Sie den Mörtel und verlegen Sie die Platten dann derart, daß ihre schönste Seite sichtbar bleibt. Die Anordnung im »opus incertum« schreibt Ihnen keine Regeln vor, außer der Ausgewogenheit. Man muß daher Elemente unterschiedlicher Größen verbinden.

Lassen Sie maximal 3 bzw. 5 mm Abstand zwischen den Platten, wenn Sie sie mit Zement verfugen wollen, etwas mehr, wenn Sie Rasenfugen beabsichtigen. Sorgen Sie bei jeder Platte, die Sie verlegen, dafür, daß sie richtig im Mörtelbett sitzt, indem Sie mit einem Holzkeil daraufhauen. Denken Sie daran, daß Stein teuer ist und behandeln Sie ihn vorsichtig.

Kontrollieren Sie regelmäßig die waagerechte Lage der verlegten Platten. Wenn es sich hingegen um einen Boden im Außenbereich handelt, achten Sie darauf, daß er die notwendige Neigung zum Ablaufen des Wassers erhält.

185   Zubereitung des Zements zum Verfugen.
186   Verfugen.
187   Glätten der Fugen.
188   Reinigung.

Warten Sie, bis die Platten ganz fest sind (sobald der Mörtel trocken ist), bevor Sie mit dem Verfugen beginnen. Liegt der Boden im Freien, schützen Sie ihn während dieser Zeit mit einer großen Plastikplane gegen Witterungseinflüsse. Achten Sie darauf, daß niemand auf die Platten tritt.

Die Fugen werden mit Zement ausgeführt. Füllen Sie sie voll und bringen Sie sie auf das Niveau der Platten. Wenn Ihre Arbeit beendet ist, reinigen Sie den Stein mit einem feuchten Schwamm.

Andere Verlegearten. Wenn der Boden fest ist, kann man die Platten in einem einfachen, gut festgestampften Sandbett verlegen. In diesem Fall sollte die Sandschicht etwa 5 Zentimeter dick sein. Diese Methode ist natürlich eher dem Außenbereich vorbehalten, der Herstellung von Spazierwegen etwa.

189

Wenn Sie beabsichtigen, einen befahrbaren Weg herzustellen, etwa eine Garagenzufahrt, ist die Vorbereitung des Bodens noch wichtiger, da sie in zahlreichen Fällen die Herstellung richtiger Fundamente erfordert, eine »Ausschachtung«, deren Tiefe davon abhängt, ob man es mit einem felsigen oder einem tonigen Boden zu tun hat (10 cm im ersten, 30 cm im zweiten Fall). Auf

189 Verlegen von Schieferplatten: Nivellieren.
190 Maß nehmen und Vorbereitungen.
191 Anbringen der Platten.
192 Verfugen mit Mörtel.

190

191

192

dem Grund der Ausschachtung muß man eine Sickerpackung anlegen und oben darauf nur das Sandbett oder die Betonplatte, auf der die Platten verlegt werden können.

Einige Beispiele im Außenbereich. Je nach Ausführungs- und Verwendungszweck, für das es bestimmt ist, wählt man ein dekoratives oder ein einfach nur nützliches Material, jedoch mit dem ständigen Bemühen, eine Harmonie zwischen der Vegetation, dem vorrangigen Element des Gartens, und dem Stein zu wahren. Die »Spontaneität« eines »opus incertum« entspricht einem solchen Anspruch und eignet sich für einen Spazierweg oder eine Garagenzufahrt, eine Terrasse, eine Treppe usw.

Für das letztgenannte Beispiel – die Herstellungsbedingungen der anderen wurden weiter oben angesprochen – sollten Sie sich folgende Ratschläge merken:
– Ziehen Sie einem zu stark geneigten Weg stets eine Treppe vor;
– Sehen Sie breite Absätze vor, um den Stein zur Geltung zu bringen;
– Die erste Setzstufe muß wie eine Mauer auf einem Betonfundament errichtet werden;
– Verleihen Sie der Treppe eine ausreichende Neigung, damit das Wasser ablaufen kann.

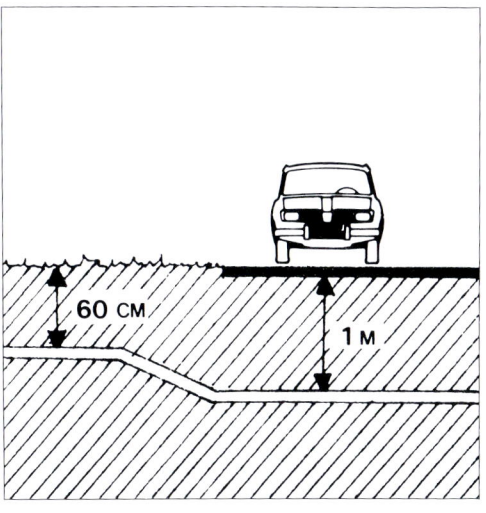

194 Wenn Kanalisationsrohre unter Garagenzufahrten verlaufen, sollten Sie die angegebenen Abstände einhalten.
Verschiedene Beispiele für ein „opus incertum":
193, 195 Garagenzufahrten.
196 Treppe mit umlaufender Mauer.

Verbundpflastersteine

Verbundsteine werden für Terrassen, aber auch für kleine und große Höfe und für Gehwege verwendet. Es gibt sie in unterschiedlichen Farbtönen (ocker, braun, gelb, grau, rot und sogar blau). Aus Keramik haben sie das dekorative, etwas geflammte Aussehen bestimmter Ziegel. Die Pflastersteine sind im allgemeinen 6 cm dick (die aus Keramik 5,8 cm). Es gibt aber auch welche von 8 cm Dicke, die starke Belastungen aushalten müssen.

Warum Verbundpflastersteine? Sie sind einfacher zu verlegen als normale Pflastersteine, da sie ineinandergreifen, und es das Problem der Ausrichtung nicht gibt. Zudem stellt eine gepflasterte Fläche eine größere Homogenität dar, da jeder Pflasterstein von den benachbarten festgehalten wird; sie hat in etwa die gleichen Eigenschaften wie eine gegossene Platte. Eine Terrasse aus Verbundpflastersteinen kann daher größere Lasten tragen als eine Verkleidung aus normalen Pflastersteinen.

Aus diesem Grund werden Verbundpflastersteine insbesondere für stark frequentierte Wege und Terrassen empfohlen. Diese Pflastersteine sind nicht speziell für das Verkleiden befahrbarer Wege konzipiert. Man kann sie dennoch gut für eine Garagenzufahrt verwenden. In diesem Fall bedarf es einer sorgfältigen Vorbehandlung

des Bodens: eine ausreichend dicke Sicker-packung aus Steinen und sogar eine Beton-platte unter der Sandschicht.

Vorbereitung des Bodens. Die Pflasterstei-ne müssen auf einem festen und gut ent-wässerten Boden verlegt werden. Der Um-fang der Vorarbeiten hängt vom Wesen des Geländes ab. Lehmige Erde erfordert mehr Vorarbeiten als steiniger oder sandiger Boden.

● **Nivellieren:** Die gesamte zu pflasternde Fläche muß aufgegraben werden, um Fun-damente herzustellen. Man muß die Erde bis zu einer Tiefe von 10 bis 15 cm abheben.

197   Ein Weg aus Betonverbundsteinen.
198   Anreißen mit der Schlagschnur.

Diese Oberflächenerde ist im allgemeinen fruchtbar und kann im Zier- oder Gemüse-garten verwendet werden.

Wenn Sie damit fertig sind, legen Sie die Höhe der Splittschicht so fest, daß Sie ei-nen ebenen Boden erhalten. Gehen Sie bei Ihren Berechnungen vom endgültigen Bo-denniveau aus: Benützen Sie für eine zum Haus gehörige Terrasse die Türschwelle als Anhaltspunkt. Ziehen Sie mit der Anreiß-schnur eine Linie auf der Hauswand in Hö-he des endgültigen Bodenniveaus.

Hauen Sie Pflöcke in den Boden, um Schnüre zu spannen, die es ermöglichen, das Niveau der Splittschicht zu markieren.

199   Abstecken mit Eisenpfählen.
200, 201   Festlegen der Höhe für das Kieselbett.

198

199

200

201

202

203

Um deren Lage festzulegen, gehen Sie vom endgültigen Bodenniveau aus und ziehen die Dicke der Pflastersteine plus etwa 5 cm für die Sandschicht ab. Die Schnüre müssen genau waagerecht gespannt sein.

Wenn die Terrasse an eine Hauswand grenzt, kann man an der Mauer die verschiedenen Geländestufen anzeichnen: Splittschicht, Sandschicht und Pflaster.

Für Terrassen, die zu Wohnhäusern gehören, sieht man in der Regel eine Neigung vor. Das läßt das Wasser besser hin zu einem Rinnstein abfließen, der in einen Abwasserkanal führt. Diese Neigung kann 1,5 cm pro Meter betragen.

● **Feuchte Böden:** Man sollte keinen sehr feuchten, normalerweise mit Wasser vollgesogenen Boden bepflastern. Um das Abfließen zu begünstigen, legen Sie Drainageleitungen – in ein Bett aus Steinen und Splitt vergrabene Rohrleitungen –, die ein Sammeln des Wassers ermöglichen. Wenn die Erde weniger feucht ist, genügt eine Sickerpackung aus Steinen. In beiden Fällen sind die Erdbewegungsarbeiten ziemlich umfangreich.

Man muß außerdem eine Neigung der Terrasse vorsehen, um das Abfließen zu erleichtern. Wenn der Boden natürlicherweise gut entwässert und die Feuchtigkeit nicht erheblich ist, ist eine Neigung unnö-

202   Errichtung des Kieselbetts.
203   Kontrolle der waagerechten Lage.
204   Im weiteren Verlauf der Arbeit.
205   Feststampfen.

204

205

tig. Da es keine Fugen aus Zement zwischen den Pflastersteinen gibt, im Gegensatz zu den üblichen Plattenbelägen, ist das Eindringen von Wasser möglich, eine Drainageschicht also unerläßlich.

207

206 Ausschütten und Verteilen der Sandschicht.
207 Nivellieren
208 Anbringen des ersten Pflastersteins.
209 Festklopfen mit Hilfe eines Gummihammers.

208

206

209

210

211

212

Fundamente. Damit die gepflasterte Terrasse auch hält, muß sie auf einer doppelten Schicht Splitt und Sand ruhen.

● **Splitt:** Verwenden Sie normalen Splitt aus dem Steinbruch. Man kann auch grobzerkleinerten Schutt aus Beton oder Mörtel (keinen Stuck) nehmen. Wenn das Gelände nicht fest ist, legen Sie eine Sickerpackung aus Steinen unter der Kiesschicht an. Der Kies wird mit der Schaufel ausgebreitet und mit dem Rechen verteilt, und zwar so, daß er die richtige Höhe hat (gemäß der gespannten Schnüre). Stampfen Sie anschließend die gesamte Fläche fest. Dieser Arbeitsgang ist unerläßlich, wenn der Pflasterbelag stabil sein soll.

● **Sand:** Verwenden Sie einen Bausand. Breiten Sie ihn mit der Schaufel aus. Der Sand muß trocken sein. Verteilen Sie ihn gleichmäßig. Damit die Schicht eben ist und die richtige Höhe hat, bringen Sie zwei waagerechte Holzlatten in der gewünschten Höhe an und benützen diese als Führung, wenn Sie die Schicht auffüllen (wie beim Herstellen einer Betonplatte).

Verlegen der Pflastersteine. Verlegen Sie die Pflastersteine auf der Sandschicht, indem Sie überprüfen, ob sie auf Niveau liegen. Orientieren Sie sich dabei an der Anzeichnung auf der Mauer. Die Elemente werden einfach eingepaßt. Schlagen Sie mit einem Gummihammer auf die Steine, damit sie gut sitzen. Es ist durchaus möglich, Motive herzustellen, da man mit den Farben spielen kann.

Stampfen Sie die Pflastersteine mit einer Holzbohle ein, die Sie an einem kräftigen Stiel befestigt haben. Verstreuen Sie über die ganze Fläche feinen Sand für die Fugen und kehren Sie diesen mit einem Besen zwischen die Pflastersteine. Man kann die Fläche auch leicht mit Wasser besprühen, um das Einsickern des Sandes zu verbessern.

210   Ineinanderfügen der Verbundsteine.
211   Feststampfen.
212   Verstreuen von Sand.
213, 214   Verschiedene Verbände.
215   **Durch Bürsten dringt der Sand in die Fugen ein.**

213

214

215

Ein Weg aus Ziegeln

Ein Weg aus Ziegeln ist zugleich strapazier-
fähig und sehr dekorativ. Diese Art von Pflaster wird vor allem für Gartenwege ver-
wandt; die Ziegel sind aus Terrakotta, und
ihr Aussehen und ihre Farbe passen gut zu
Blumen und Pflanzen.
Mit Ziegeln lassen sich auch kleine Erho-
lungsbereiche (Terrassen) im Garten oder
selbst in einem Hof schaffen. Man verwendet Vollziegel zum Pflastern, die besondere
Eigenschaften haben wie Druckfestigkeit,
Frostbeständigkeit usw.

**216   Wege aus versetzt angeordneten Ziegel-
steinen.**

Schmale Wege können dennoch aus Riem-
chen (Halbziegeln) hergestellt werden, die
man auch, auf einer Betonplatte verlegt, für
befahrbare Wege verwendet.

Vorbereitung des Bodens. Ein Weg kann
nur auf einem Gelände hergestellt werden,
auf dem es keine dauernde Feuchtigkeit
gibt. Darüber hinaus sind einige Erdarbei-
ten vorzunehmen.
● **Entwässerung:** Wenn das Gelände sehr
feucht ist, sollte man an das Verlegen von
Abflußleitungen denken. Ist die Feuchtigkeit mäßig, genügt eine Sickerpackung aus

216

Steinen unter der Sandschicht. Der Bau eines Ziegelweges kann die Gelegenheit sein, ein Entwässerungssystem für Regenwasser zu schaffen. Man sieht also Ablaufrinnen auf beiden Seiten des Weges vor und führt sie in einem Hauptablauf zur Kanalisation hin.

217   Abbildung des notwendigen Materials.
218   Ausheben gemäß der Wegmarkierung.
219   Gleichmäßiges Verteilen der Sandschicht in der Vertiefung.
220   Verlegen des ersten Ziegels.
221   Verlegen der zweiten Reihe.

217

218

219

220

221

222

223

224

222   Festklopfen, damit der Ziegel richtig sitzt.
223   Verfugen mit Sand.
224, 225   Weitere Verbandanordnungen.

● **Geneigte Gelände:** Ein Ziegelweg ist auf einem Hanggelände durchaus möglich. Damit der Weg aber leicht begehbar wird, sollte diese Neigung ziemlich flach sein. Wenn das Gelände sehr uneben ist, muß man Erdbewegungen vornehmen und Treppen vorsehen (aus Ziegeln hergestellt), über die man von einem Niveau zum andern gelangen kann.

● **Erdaushub:** Heben Sie mit dem Spaten einen Graben aus, nachdem Sie mit einer Schnur die Umrisse des Weges markiert haben. Die Breite des Weges variiert selbstverständlich, abhängig von der Größe des Gartens und der Bestimmung des Weges. In der Regel liegt sie nicht unter 80 cm. Die Tiefe des Grabens muß so kalkuliert werden, daß eine Sandschicht von mindestens 5 cm möglich ist; mehr, wenn das Gelände feucht ist. Der Ziegel selbst, der auf dem Graben verlegt wird, mißt 10,5 cm.

Das Niveau des fertigen Weges entspricht meist dem des Rasens, was das Befahren mit dem Rasenmäher erleichtert, oder dem der Rabatten, an die er grenzt.

Wenn Sie im Garten Laternen aufstellen oder Wasserzapfstellen anbringen wollen, verlegen Sie die Rohrleitungen unter dem Weg, indem Sie den Normen entsprechende Gräben ausheben. Damit vermeiden Sie eventuelle Beschädigungen bei künftigen Gartenarbeiten.

Verlegen der Ziegel. Die Ziegel werden im Graben auf einer Sandschicht verlegt, die gleichzeitig die Stabilität des Weges und die Entwässerung sicherstellt.

● **Die Sandschicht:** Verwenden Sie normalen, trockenen und sauberen Bausand. Breiten Sie mit dem Rechen eine Schicht von mindestens 5 cm Stärke aus. Um ein gleichmäßiges und gut ausgerichtetes Verlegen zu ermöglichen, ist es nicht schlecht, auf beiden Seiten eine Reihe von Brettern anzubringen. Wenn der Weg gebogen ist, geschieht die Ausrichtung mit einer Markierung aus Gips oder Löschkalk auf dem Boden.

● **Die erste Reihe:** Das Verlegen der ersten Ziegelreihe ist bestimmend für Niveau und Ausrichtung der weiteren Reihen. Verwenden Sie etwas Sand, um die untere Tragschicht zu verstärken, damit die Ziegel genau auf der gewünschten Höhe sind. Diese Höhe kann durch eine Türschwelle oder das Ende einer Treppe vorgegeben sein. Die Fugen zwischen den Ziegeln müssen gleichmäßig sein. Sie können kleine Holzkeile verwenden, um diese Gleichmäßigkeit sicherzustellen.

Benutzen Sie eine Wasserwaage, um zu überprüfen, ob alle Ziegel einer Reihe auf derselben Höhe liegen. Wenn Sie nur eine kleine Wasserwaage haben, legen Sie sie auf eine lange, gut zugerichtete Meßlatte.

● **Weiteres Verlegen:** Die weiteren Reihen werden sorgfältig an der ersten ausgerichtet. Es ist häufig notwendig, etwas Sand mit der Kelle hinzuzufügen oder wegzunehmen. Überprüfen Sie, ob jeder angebrachte Ziegel in gutem Zustand und nicht gerissen

226

227

228

226 Ansatz des Zuschnitts mit dem Winkelschneider.
227 Vollendung des Zuschnitts mit Hilfe eines Maurermeißels und eines Fäustels.
228 Vollendeter Schnitt.

ist. Er muß einen hellen Ton geben, wenn man mit der Kante der Kelle darauf schlägt. Der Anordnung der Verbände sind prinzipiell keine Grenzen gesetzt. Wichtig ist jedoch, die Ziegel wie einen Fliesenbelag zu behandeln.

● **Zuschnitte:** Am Ende eines Weges oder, wenn es sich um eine Terrasse handelt, an den Rändern müssen Sie Ziegel zuschneiden. Im allgemeinen schneidet man Ziegel nur in der Mitte durch. Man verwendet dabei die Techniken des Maurers:

– Mit der Trennscheibe. Das ist der schnellste Weg, Ziegel rundherum einzukerben. Verwenden Sie eine Schleifmaschine, einen Winkelschleifer oder auch eine leistungsstarke Bohrmaschine. Brechen Sie den Ziegel dann durch einen Schlag mit dem Meißel oder einem kleinen Hammer auseinander, oder aber durch einen kurzen Schlag mit der Kante einer Maurerkelle.

– Mit Meißel und Fäustling. Öffnen Sie zunächst eine Einkerbung mit kurzen Schlägen entlang der Schnittlinie. Fahren Sie fort, bis der Ziegel auseinanderbricht. Der Ziegel muß hier auf einer stabilen Unterlage liegen.

– Mit dem Maurerhammer. Halten Sie den Ziegel in einer Hand und öffnen Sie mit der Finne des Maurerhammers eine Einkerbung.

Fugen. Bei Terrassen und Wegen werden die Fugen im allgemeinen mit Mörtel ausgemauert. Dennoch füllt man die Höhe der Fu-

229

230

230a

gen teilweise mit Sand auf. Die endgültigen Mörtelfugen sind so haltbarer, weil unterhalb kein Leerraum bleibt. Verwenden Sie einen ziemlich feinen und ganz trockenen Sand, um die Fugen zwischen den Ziegeln aufzufüllen. Lassen Sie ihn mit der Kelle in die Fugen gleiten. Zwei bis drei Zentimeter müssen Sie für das endgültige Verfugen freilassen.

● **Mörtelfugen:** Bereiten Sie einen eher trockenen Zementmörtel zu (die Festigkeit ist nicht sehr wichtig). Flüssiger Mörtel läßt sich zwar leichter in die Fugen füllen, aber es besteht die Gefahr, daß er die Ziegel verschmutzt. Es ist dann ziemlich schwierig, die verbleibenden Spuren zu säubern.

Fügen Sie den Mörtel mit der Kante der Kelle zwischen die Ziegel und drücken Sie ihn kräftig hinein. Entfernen Sie den Überschuß mit der Kelle.

Wenn der Mörtel begonnen hat, abzubinden, glätten und reinigen Sie die Fugen mit einem feuchten Schwamm, den Sie oft auswaschen müssen. Reiben Sie nicht zu kräftig darüber, um die Fugen nicht zu beschädigen. Bei Regenwetter müssen Sie die Fugen 24 Stunden mit einer Plane abdecken. Bei starker Sonne sollten Sie sie ebenfalls abdecken, um ein zu schnelles Trocknen zu vermeiden.

Der Weg darf erst 48 Stunden nach dem Verfugen benutzt werden.

229   Verfugen mit Mörtel.
230   Reinigung nach dem Verfugen.
230a   Verlegeplan: Klinker (Ziegel), im Fischgrätmuster flach verlegen.

Vorgefertigte Platten

Die Konstruktion eines befahrbaren Weges als Zufahrt zu einer Garage stellt bei einem Einzelhaus immer ein Problem dar. Betonierte Wege sind zwar haltbar, aber unschön. Sie sind sogar richtig häßlich, wenn sie einen Rasen oder einen Garten durchziehen. Wege aus Kiesel oder sogar aus festgestampfter Erde werden häufig bevorzugt, weil sie sich besser in die Begrünung einfügen.

Rasengittersteine stellen in zahlreichen Fällen eine wesentlich bessere Lösung dar.

231   Ausheben der Erde entsprechend den Markierungen.

231

Diese Platten sind haltbar, stabil und praktisch unsichtbar, wenn der Rasen gewachsen ist. Sie können mitten in einem Rasen eingefügt werden und der Weg wird nicht störend wirken. Man kann sie auch in einem bestehenden Weg verlegen, um einen grasbewachsenen Weg zu schaffen.

Vorbereitung des Bodens. Beginnen Sie mit einer Markierung auf dem Boden. Im allgemeinen sieht man für diese Art Weg einfach zwei Spuren für die Reifen vor, wobei jede um die fünfzig Zentimeter breit ist. Die Markierung wird mit Gips gemacht, wenn der Weg gekrümmt ist, oder mit einer Schnur.

● **Erdaushub:** Heben Sie mit dem Spaten einen etwa fünfzehn Zentimeter tiefen Graben aus. Wenn das Gelände lehmig ist, ist es klug, eine größere Tiefe vorzusehen, um unter der Sandschicht eine Sickerpackung aus Steinen anzubringen. Die von den Platten zu tragende Last ist ja recht schwer. In manchen Fällen kann es sogar notwendig sein, eine Grobbetonschicht als stabile Grundlage zu gießen.

● **Sand:** Breiten Sie eine Sandschicht in dem gesamten Graben aus. In einem gemäßigt feuchten Gelände ist eine Stärke von 5 bis 10 cm vorzusehen; normaler Bausand eignet sich sehr gut.

232   Verziehen der Sandschicht.
233   Kontrolle der für das Verlegen der Platten notwendigen Höhe.

232

233

Verteilen Sie den Sand gleichmäßig mit dem Rechen und ebnen Sie ihn ein. Überprüfen Sie, ob genügend Platz bleibt, die Platten zu verlegen; die Oberkante der Platten muß das Niveau des Rasens erreichen. Verwenden Sie zum Glätten ein langes Maurerrichtscheit. Bemühen Sie sich, in einem Hanggelände eine weitestgehend gleichmäßige Neigung einzuhalten.

Verlegen der Platten. Die Betonplatten werden einfach nur auf das Sandbett gelegt. Sie sind stabil, weil sie in die Erde gebettet sind und vom Gras festgehalten werden.
Die beiden Spuren, die den befahrbaren Weg bilden, müssen absolut parallel sein. Verwenden Sie ein Stück Holz, um eine an allen Punkten gleiche Distanz einzuhalten. Bedecken Sie die Platten danach mit Erde. Nur der oberste Teil der Plattenspitzen bleibt unbedeckt. Die Aushöhlungen müssen gut mit Erde gefüllt werden, damit sich der Rasen dort entwickeln kann. Man verwendet vorzugsweise gute Komposterde, um einen dichten Rasen zu bekommen. Stellen Sie beispielsweise eine Mischung aus Lehmboden und Humuserde her. Begießen Sie sie, damit sich die Erde von selbst verdichtet und fügen Sie noch etwas Komposterde hinzu.

Aussaat. Wählen Sie einen Rasen mit großer Trittfestigkeit wie Lieschgras, Rispengras und Weidelgras aus.
Die besten Zeiten zum Aussäen sind Frühling und Herbst (die Sommermonate sind zu heiß). Säen Sie ziemlich dicht und streuen Sie etwas Humuserde darüber, um die Körner festzuhalten.

234

235

236

234   Nivellieren der Sandschicht.
235   Verlegen der Rasengittersteine.
236   Die Rasengittersteine werden mit Erde bedeckt.

Fliesen einer Arbeitsplatte

Ein Fliesenbelag ist die bestmögliche Verkleidung für eine Arbeitsplatte. Man erhält so eine solide, haltbare und pflegeleichte Fläche. Am besten fliesen Sie auf einer Unterlage aus Holz. Die Verwendung von Netzfliesen erleichtert die Arbeit.

Vorbereitung der Unterlage. Reinigen und entfetten Sie den Untergrund. Er muß absolut eben sein. Verspachteln Sie auf alten Arbeitsflächen die Löcher.

Probemontage. Nehmen Sie ein probeweises Verlegen, das heißt ohne Kleber, der Fliesen vor, um Lage und Zuschnitte am besten kalkulieren zu können. Um Fliesen von dem Netz abzutrennen, genügt es, das Plastiknetz durchzutrennen, das sie zusammenhält.

Verlegen. Benutzen Sie einen gebrauchsfertigen Zweikomponentenkleber, den Sie mit dem Spachtel auftragen. Dieser Kleber hat den Vorteil, daß er die hohe Belastung einer Arbeitsplatte aushält. Bringen Sie die Fliesen an, indem Sie sie sorgfältig ausrichten und feststreichen. Verfugt wird mit einem gebrauchsfertigen Zementschlamm oder aber mit dem Überschuß des Dispersionsklebers.

237

238

239

240

241

237 Fliesen einer Arbeitsplatte.
238 Messen der noch zu fliesenden Fläche.
239 Schneiden von Netzfliesen.
240 Provisorisches Anbringen.
241 Aufbringen des Klebers.
242 Verfugen mit gefärbtem Zementschlamm.

242

Fliesen eines Couchtisches

Ein alter, schlecht erhaltener Couchtisch kann ein neues Gesicht bekommen, wenn man ihn mit Fliesen verkleidet. Sie können Fliesen mit unterschiedlichen Motiven oder Farben kombinieren, um eine originelle Verkleidung zu erzielen.

Reinigen Sie vor dem Verlegen der Fliesen die Platte wie auch das Tischgestell. Überprüfen Sie die Stabilität des Tisches und ziehen Sie die Schrauben nach, wenn nötig. In manchen Fällen lohnt es sich, Verstärkungen anzubringen.

Größe der Fliesen. Bei dieser Arbeit ist es besser, jegliche Zuschnitte zu vermeiden. Es ist daher angebracht, die Maße der Fliesen in Abhängigkeit von denen des Tisches auszusuchen. Sollten die Maße nicht genau stimmen, kann man ja mit der Breite der Fugen herumspielen. Man kann auch Fliesen unterschiedlicher Größen kombinieren; etwa um einen Rand herzustellen.

Verlegen der Fliesen. Der Kleber wird mit Hilfe eines Zahnspachtels aufgetragen. Die Fugen müssen absolut gleichmäßig sein. Verwenden Sie Keile aus Pappe oder Abstandskreuze aus Plastik. Streichen Sie die Fliesen mit einer Holzleiste fest. Als Tischeinfassung kann man gestrichene oder lackierte Profilleisten verwenden, die man auf die Tischkanten nagelt.

244

245

246

247

243 Verlegen der Fliesen.
244 Festklopfen der Fliesen.
245 Nageln der umlaufenden Leisten.
246 Aufstreichen der Fugenmasse.
247 Verziehen mit dem Fugengummi.
248 Glätten der Fugen.

248

Das Zusammenspiel verschiedener Platten

Ein Plattenbelag kann dazu dienen, eine Einheit zwischen verschiedenen Teilen einer Ausstattung herzustellen. Hier werden die Platten dazu verwendet, die Oberseite eines Gartengrills aus Kalksteinen sowie den angrenzenden Boden zu verkleiden. Man vermeidet so, daß der Grill wie ein Fremdkörper in der Gesamtanlage wirkt.

Wenn der Grill selbst eine ziemlich große, auf richtigen Fundamenten (Betonplatten) ruhende Konstruktion ist, dann ist der Plattenbelag auf dem Boden leicht auszuführen, da er nur auf einer Kiesschicht ruht.

Belegen des Grills mit Platten. Hier verwendet man am besten Platten, die sehr gut mit dem für den Bau des Grills verwendeten traditionellen Kalkstein harmonieren. Die Platten sind nicht zurechtgeschnitten. Man wird also auf dem Boden wie auf dem Grill ein »opus incertum« ausführen, indem man die Steine entsprechend ihrer Formen bestmöglich anordnet. Nehmen Sie für die Arbeitsfläche des Grills ziemlich kleine Platten. Suchen Sie für die Ecken rechtwinklige Platten aus. Es ist häufig notwendig, die Platten neu zurechtzuschneiden, weil die Grillfläche nur schmale Fugen haben darf, soll sie gelungen sein. Der Plattenbelag des Grills bedeckt den Teil aus massivem Kalkstein (Arbeitsfläche) und den Rand der Feuerstelle aus feuerfesten Ziegeln. Bereiten Sie einen nicht zu flüssigen Mörtel zu und bringen Sie ihn mit der Kelle auf die zu verkleidende Fläche auf. Legen Sie die Platten in dieses Mörtelbett und überprüfen Sie dabei deren waagerechte Lage mit der Wasserwaage. Verlegen Sie zuerst die großen Platten und ergänzen Sie dann die Lücken mit kleineren Stücken.

Füllen Sie danach die Fugen mit einem eher trockenen Mörtel und kratzen Sie den Überschuß mit der Kelle ab. Wenn der Mörtel anfängt abzubinden, glätten Sie mit einem feuchten Schwamm.

Belegen des Bodens mit Platten. Wenn das Gelände nicht sehr feucht ist, können die Platten auf einer einfachen Sand- oder Kiesschicht (oder einer Mischung aus beiden) verlegt werden. Wenn aber der Boden lehmig und feucht ist, ist es besser, einen Graben zu ziehen, um den Plattenbelag mit einer Sickerpackung und manchmal einem Drainagewerk zu festigen. Das »opus incertum« wird nach denselben Prinzipien ausgeführt wie bei der Grillplatte.

Verwenden Sie eine lange Wasserwaage, um zu prüfen, ob die mit Platten belegte Fläche waagerecht ist. Die Platten werden einfach auf ein Sandbett verlegt. Wenn der Boden fest ist, werden sie sich nicht bewegen. Es ist dennoch besser, sie in einem Mörtelbett festzuhalten, damit sie gut sitzen.

Zum Schluß müssen wie bei der Grillplatte die Fugen mit Mörtel verfugt werden. Um den Plattenbelag der Ausstattung des Gartens anzupassen, kann man die Lücken auch mit etwas Erde füllen und dort dem Standort angepaßte Gewächse anpflanzen wie Moose, Steinbruch oder Fetthenne-Arten.

249   Verlegen von Steinplatten in einem Mörtelbett, um die Arbeitsfläche eines Grills auszubilden.
250   Anbringen der Platten rund um die Feuerstelle.
251   Gestalten des Bodenbelags.
252   Festklopfen mit dem Griff der Kelle.

249

250

251

252

Pflegen und Ausbessern von Fliesen

Eine regelmäßige und dem Wesen des Materials angemessene Pflege wird die Schönheit des Fliesenbelags bewahren und ist eine der wesentlichen Garantien für deren Langlebigkeit. Der üblichen Pflege, für die in vielen Fällen einfaches Wasser genügt, sollten einige Reinigungsmaßnahmen unmittelbar nach dem Verlegen vorangegangen sein, und sie sollte zudem gegebenenfalls mit gezielten Eingriffen gegen Flecken vervollständigt werden.

Nach dem Verlegen

Wie auf den vorangegangenen Seiten besprochen, werden Sie unmittelbar nach dem Verlegen trockenen Zement oder Quarzsand über die Bodenfliesen gestreut haben. An den Wänden genügt es, Spuren des Zementschlamms mit einem feuchten Schwamm zu entfernen. Nachdem Sie den Boden von Quarzsand und Zement befreit haben, reiben Sie ihn kräftig mit einem trockenen und rauhen Lappen ab (Jute beispielsweise).

Wenn Sie extra eine Platte oder einen Estrich vor dem Verfliesen des Bodens gegossen haben, warten Sie, bis die Maurerarbeit völlig trocken ist, bevor Sie Pflegemittel vor der ersten Nutzung verstreichen, was im Fall von porösen Materialien (Terrakotta) unerläßlich ist. Die Aufgabe solcher Mittel ist es, die Fliesen wasserdicht zu machen und vor Kratzern zu schützen. Diese Vorkehrungen sind also sehr wichtig; die Anwendung solcher Produkte darf jedoch nicht zu einem beliebigen Zeitpunkt stattfinden: In manchen Fällen, in der feuchten Jahreszeit, kann es drei Monate dauern, bevor das Mauerwerk völlig trocken ist. Beschränken Sie sich während dieser Zeit auf eine Reinigung der weißlichen Zementspuren mit klarem Wasser (feuchter Scheuerlappen). Wenn sie nicht weggehen, geben Sie dem Wasser etwas Essig bei.

Die laufende Pflege

Wenn diese Vorkehrungen für poröse Fliesen getroffen wurden, kann jeder Fliesenbelag regelmäßig mit dem feuchten Scheuerlappen gepflegt werden. Zum Entfernen der hartnäckigsten Flecken kann man eventuell Seifenwasser (Schmierseife) verwenden. Im übrigen wird die laufende Pflege erleichtert, wenn Sie von Zeit zu Zeit ein entsprechendes Fußbodenwachs auftragen. Wie Sie sehen, sind die Regeln der Fliesenpflege einfach.

Wenn Sie gegen bestimmte Flecken vorgehen wollen, sollten Sie das entsprechende Lösungsmittel verwenden (s. Tabelle S. 117). Seien Sie ganz allgemein skeptisch gegenüber »Wunder«-Mitteln.

Reinigen, Fleckentfernung

Wenn Sie den Fliesenbelag mit den für Ihren Verwendungszweck gewünschten Qualitäten gewählt haben, werden Sie keine größeren Probleme bei der Pflege haben.
Sie werden noch weniger haben, wenn Sie die Fliesen gleich nach dem Verlegen sorgfältig gereinigt haben (Entfernen von Mörtel- und Zementschlammspuren).

Reinigen. Übliche Reinigungsmaßnahmen genügen: Abwaschen; Entfetten, vor allem bei Motivfliesen; Auftragen eines Imprägniermittels auf poröse Materialien usw. Für all diese Arbeiten gibt es besonders entwickelte Spezialmittel: Schutzmittel, Seidenglanzmittel, Flüssigwachs (verwenden Sie nie Wachs in Pastenform) usw.

254

Bevor Sie solche Mittel auftragen, warten Sie aber, bis der Plattenbelag völlig trocken ist, was im Fall von porösen Materialien bis zu drei Monate nach dem Verlegen dauern kann. Beschränken Sie sich während dieser ganzen Dauer auf eine Reinigung mit Wasser, dem eventuell Essig beigefügt wird, um weißliche Zementreste zu entfernen.
Tragen Sie auf Terrakotta und Sandstein, die ja poröse Materialien sind, ein Schutzmittel auf, wobei manche flecken-, kratz- und sogar stoßfest sind.
Da die im Handel erhältliche Palette von Produkten sich schnell weiterentwickeln kann, ist es in jedem Fall das beste, sich an die Angaben des Herstellers zu halten.

255

Kristallisieren. Das heißt, einem alten und matt gewordenen Fliesenbelag durch Auftragen von flüssigen Spezialmitteln (Kristallisierungsmittel) seinen Glanz wiederzugeben. Das Mittel wird für die laufende Pflege in Wasser gelöst und für eine Kompletterneuerung pur aufgetragen.
Bei stärker beschädigten Fliesen- oder Plattenbelägen sollten Sie sich an den Fachmann wenden. Er benutzt eine mit einer Scheibe aus Stahlwolle ausgestattete Spezialmaschine, die gleichzeitig abschleift, poliert und glänzend macht.

254 Verwendung eines Spezialmittels zum Entfernen von Zementschlammspuren.
255 Anwendung eines Kristallisierungsmittels, um einem alten Fliesenbelag wieder Glanz zu verleihen.
256 Auftragen von Wachs auf Steingut.

256

Flecken entfernen

Fleck	Fleckentferner
Kleber, Farbe	Reinbenzol, Trichloräthylen
Tinte	Natronbleichlauge
Heizöl, Teer	Benzol
Kitt, Ölfarbe	Methylalkohol
Fette	Alkohol, Trichloräthylen
Obst	Alkohol, Trichloräthylen
Rost	spezieller Fleckentferner

Fleckentfernung. Es gibt zwei Regeln, die Sie sich merken sollten: Unternehmen Sie so schnell wie möglich etwas gegen die Flecken und wenden Sie das entsprechende Lösungsmittel an (siehe Tabelle).
Auf Terrakotta und andere poröse Materialien aufgetragene Imprägniermittel verhindern das Eindringen der Verschmutzung durch die Oberfläche der Fliese hindurch, weshalb deren vorbeugende Verwendung wirklich notwendig ist.

Auffrischen. Es ist immer möglich, einen matt gewordenen Fliesenbelag wieder »aufzufrischen«, ihm Glanz und Frische wiederzugeben. Verwenden Sie zu diesem Zweck Glanzbildner, wachshaltige Reinigungsmittel oder auch Flüssigwachs bei undurchlässigen Materialien (Steingut, glasiertes Steingut usw.).
Für Terrakotta und andere poröse Materialien können Sie eine Mischung aus Wasser und 5%iger Salzsäure nehmen. Vorsicht

257 Reinigen von Marmor mit Hilfe eines speziellen Scheuermittels.

258 Entfernen von Wachsflecken mit einem biologisch abbaubaren Lösungsmittel.

257   258

aber hier bei den Fugen: es besteht nämlich die Gefahr, daß die Säure den Mörtel angreift, und die Fliesen sich infolgedessen lösen können. Spülen Sie so behandelte Flächen gut mit Wasser nach.

Sie können anschließend eine erwärmte Mischung aus Leinöl und Holzterpentinöl im Verhältnis 2:1 aufstreichen oder einen Glanzbildner, den es gebrauchsfertig zu kaufen gibt.

Ein reines (nicht verdünntes), mit dem Schwamm oder dem Scheuerlappen aufgetragenes Kristallisierungsmittel wird auch bei einem matten Aussehen Abhilfe schaffen. Wenn nötig wiederholen Sie diesen Arbeitsgang.

Ganz stark angegriffene Fliesenbeläge können Sie abbeizen. Es gibt spezielle, den unterschiedlichen Materialien angepaßte Beizmittel, aber Vorsicht: manche Beläge, wie etwa Spaltplatten, dürfen niemals abgeschliffen werden.

Ersetzen einer Fliese

Es kann vorkommen, daß eine Fliese infolge eines Stoßes beschädigt wurde oder gerissen ist. Sie muß also ersetzt werden, insbesondere wenn sie sich an einer häufig begangenen Stelle oder an einer sichtbaren Stelle an der Wand befindet. Denken Sie also daran: Wenn Sie einen Fliesenbelag herstellen, sollten Sie einige Fliesen gut aufbe-

wahren; sie werden Ihnen bei Bedarf nützen. Es ist später oft sehr schwierig, eine Fliese in genau demselben Farbton aufzutreiben.

Lösen der Fliese. Die Technik ist bei Boden und Wand dieselbe. Um eine Fliese zu lösen, gehen Sie diese in der Mitte an, selbst wenn sie am Rand rissig geworden ist. Verwenden Sie zu diesem Zweck einen Maurermeißel und einen Hammer. Hauen Sie mit knappen Schlägen darauf, um die Fliese zu zerbrechen und lösen Sie dann die kleinen Stücke heraus.

Benutzen Sie Meißel und Hammer auch dazu, die noch vorhandenen Mörteluneben- heiten in der Lücke zu entfernen. Man muß die Oberfläche so behandeln, daß sie absolut eben ist: das ist die Bedingung dafür, daß die neue Fliese auf genau demselben Niveau liegt wie die restlichen Fliesen.

Anbringen der neuen Fliese. Befeuchten Sie zunächst die Lücke, die Sie gerade geschaffen haben, und verstreichen Sie dann eine dünne Lage Mörtel, der nicht zu flüssig sein sollte. Bevor Sie dann die neue Fliese einpassen, tauchen Sie sie in Wasser.

Verlegen Sie die Fliese nicht direkt; legen Sie einen dünnen Faden so darunter, daß Sie eventuell daran ziehen können, um die Lage der Fliese zu verändern. Es genügt meist, mit zwei Händen an dem Faden zu

259   Entfernen Sie die Fliese sowie kleine verbleibende Unebenheiten.
260   Einpassen der neuen Fliese.

259

260

ziehen: er wird sich wie ein Hebel verhalten. Beachten Sie die Abstände zu den anderen Fliesen und vergewissern Sie sich, daß die Fliese flach und auf demselben Niveau wie der Rest des Fliesenbelages liegt. Das hängt natürlich von der Menge des Mörtels ab, den Sie vorher in die Lücke gefüllt haben. Heben Sie, wenn nötig, die Fliese mit Hilfe des Fadens an und fügen Sie etwas Mörtel hinzu. Wenn zuviel davon da ist, ist das nicht so schlimm: der Mörtel wird durch das Festklopfen an den Seiten heraustreten.

Klopfen Sie die Fliese durch leichtes Schlagen mit dem Hammergriff oder unter Zuhilfenahme eines Holzkeils fest. Klopfen Sie sanft auf die gesamte Fläche der Fliese, damit sie vollständig und richtig am Untergrund haftet. Achten Sie darauf, ihre Lage im Verlauf dieser Arbeit nicht zu verändern.

Sobald die Fliese an ihrem Platz ist, ziehen Sie den Faden heraus (warten Sie nicht, bis der Mörtel getrocknet ist!).

Der Mörtel, der in die Fugen geflossen ist, müßte eigentlich ausreichen, um diese zu füllen. Wenn das aber nicht der Fall ist, fügen Sie etwas Mörtel hinzu. Wie dem auch sei, ziehen Sie Gummihandschuhe an und glätten Sie die Fugen mit dem Finger.

Wenn Sie mit dem Verfugen fertig sind, entfernen Sie die Mörtelspuren mit einem feuchten Schwamm: beginnen Sie mit dieser Säuberung, bevor der Mörtel trocken

ist, das ist einfacher. Ihre Arbeit ist nun beendet, aber betreten Sie die Fliese nicht und stellen Sie auch während der nächsten 24 Stunden nichts darauf. Bringen Sie eine Markierung an, weil nichts mehr diese Fliese von den anderen unterscheiden wird.

Ausbessern eines Lochs in einer Fliese. Es ist nicht nötig, eine Fliese auszuwechseln, wenn diese nur ein kleines Loch hat. In diesem Fall genügt es, etwas Pulver aus einem Fliesenstückchen gleicher Farbe herzustellen, daraus mit etwas Zementkleber eine Paste zu machen und das Loch mit dieser Mischung zu verstopfen.

261 Glätten der Fugen nach dem farblich abgestimmten Verfugen.
262 Reinigen.

261

262

Dank

Daß dieses Buch eine solche Themenvielfalt kompetent beschreiben kann, war nur möglich durch die Mitarbeit und Ratschläge von Fachleuten, aber auch der Firmen GME, Tonpret und Villeroy & Boch.
Ein besonderer Dank gilt Herrn Streckfuß und Herrn Schurz, Mitarbeiter der OBI-Bau- und Heimwerkermarkt GmbH & Co. (Unterföhring/München), Herrn Werner Scholl, Keramikdesign, Mainz, für das Bild 2, Herrn Horst Schümmelfeder, Düsseldorf, für die Zeichnung 230a und vor allem der Firma Knauf Bauprodukte GmbH, Iphofen, für die Bilder 17, 79, 80, 81, 82, 121, 159, 160, 161, 162, 163, 164 und 165.

Fachbegriffe

Azeton: (farblose) Flüssigkeit, aus Acetylen oder Propylen hergestellt. Ihre wesentliche Eigenschaft ist die, eine gewisse Anzahl von organischen Materialien, darunter Fette, lösen zu können. Daher wird es als Fleckentferner verwendet. Darüber hinaus wird Azeton zur Herstellung von Firnissen, Lacken und Kunststoffen verwendet.

Dickbett: Methode, um Konstruktionselemente (Ziegel, Bimssteine, Fliesen usw.) zu verlegen. Das Verlegen in ein Mörteldickbett bedeutet, daß man den Stein, den Ziegel oder die Fliese direkt in das Mörtelbett legt, wobei letzterer durch die Fugen hochsteigt.

Einmalbrand: Vorgang, bei dem man gleichzeitig die Tonpaste, die die Fliese bildet, und das Email, das diese überzieht, sintern kann.

Email: Art von verglasendem Überzug, mit dem manche Fliesen überzogen sind. Das Email stellt einen guten Schutz der Fliesen dar.

Estrich: Gemauerte Beschichtung, meist aus Mörtel, von geringer Stärke (mind. 3 cm), die auf eine Betonplatte aufgetragen wird.

Finne: Teil des Hammerkopfes mit abgeflachtem Profil; bei einem Hammer unterscheidet man Schlagfläche und Finne. Manche Hämmer haben eine gespaltene Finne.

Karborund: Es handelt sich um einen Stein aus Siliziumkarbid mit hoher Schleiffähigkeit. Aus diesem Grund verwendet man ihn zum Schärfen von Metallwerkzeugen (selbst die aus Wolframkarbid, siehe dieses Stichwort). Man benutzt den Karborundstein, um frische Fliesenschnitte abzugraten.

Kondensation: Phänomen, das aus dem thermischen Aufprall einer Heißluftmasse auf eine kalte Wand resultiert; man erkennt sie an der Bildung von Wassertröpfchen, die vor allem an den Scheiben (den kältesten Bereichen) zu sehen sind. Die Kondensation entsteht entweder durch eine schlechte Zimmerbelüftung oder wegen einer mangelnden Wärmedämmung. In letzterem Fall sollte man erwägen, Doppelverglasungen einzubauen.

Kristallisationsmittel: Mittel, das einem mattgewordenen Fliesenbelag seinen Glanz zurückgibt.

Mörtel: Man darf Mörtel und Zement nicht verwechseln. Mörtel entsteht aus der Mischung von Zement (und/oder Kalk), Sand und Wasser. Ein Mörtelputz besteht aus drei hintereinander aufgetragenen Schichten: Bewurf, Verputz und Deckschicht.

Mosaik: Ursprünglich ein Kunstwerk aus Marmor-, Terrakotta- oder Steinelementen, die untereinander Figürchen bildeten. Im weiteren Sinn gefliese Verkleidungen aus kleinen, etwas zufällig angeordneten Elementen.

Papageienschnabel: Zange mit Spezialschnabel, vor allem dazu verwendet, gebogene Ausschnitte in einer Kachel auszuführen.

Polymerisation: Phänomen, durch das sich die Moleküle zusammenballen und so dem Produkt Konsistenz und Homogenität verleihen.

Porosität: Zustand dessen, was porös ist, das heißt, dazu geeignet, Wasser durchzulassen. Poröse Fliesen dürfen nicht im Außenbereich verwendet werden, zumindest nicht ohne speziellen Schutz. Bei Frost besteht die Gefahr, daß sie zerspringen.

Rißbinde: Band aus speziellem Stoff, mit dem sich die Fugen zwischen zwei Gipsplatten bedecken oder ein größerer Riß verbergen lassen.

Rohbau: Grundkonstruktion, die die Haltbarkeit und die Stabilität eines Mauerwerks sicherstellt. Um ihn zu vervollständigen, nimmt man an ihm den Ausbau vor, das heißt, Unterteilung, Verschlußvorrichtungen, Bekleidung usw.

Salpeter: Ein Salz (Kaliumnitrat), das auf feuchten Mauern auftritt. Früher hob man es aus den Kellern ab, um es als Düngemittel zu verwenden. Die Mauern, die damit bedeckt sind, müssen unbedingt behandelt werden, ehe man eine Verkleidung, welcher Art auch immer, ins Auge faßt.

Sanitärinstallation: Ausstattungselement eines Badezimmers oder eines Waschraums. Waschbecken, Badewanne, Dusche usw. sind Sanitärinstallationen.

Schwalbenschwanz: Im Maurerwesen eine Form, die man Rissen geben muß, ehe man sie verspachtelt. Der Grund des Risses muß schwalbenschwanzförmig ausgebildet werden, das heißt, daß die Öffnung enger sein muß als der Grund. Das hat zum Ziel, daß die Spachtelmasse besser hält.

Setzstufe: Senkrechter Teil einer Stufe.

Sickerpackung: Kieselunterlage, die vor dem Gießen einer Platte auf gewachsenem Boden erstellt wird. Die Sickerpackung soll der Platte Stabilität verleihen und gleichzeitig eine korrekte Drainage des Bodens sicherstellen.

Strecken: Herstellungsart einer gewissen Kategorie von Steingut, »Spaltplatten« genannt. In diesem Fall wird die Tonmasse durch Streckung (Dehnung) geformt.

Teppichrücken: Es handelt sich hier um die Unterlage des Teppichbodens, durch die er zusammengehalten wird. Früher wurde die Funktion des Teppichgrunds von einer Teppichunterlage (textile Unterlage aus Schaumgummi oer Kunststoff) sichergestellt, die vom Teppichboden getrennt war.

Unterbrochene Fugen: Bezeichnung einer Verbandart (siehe dieses Stichwort) von Konstruktionselementen aus regelmäßigen Formen, bei der die Fugen in jeder zweiten Reihe versetzt sind.

Verband: Anordnung von Konstruktionselementen (Steine, Ziegel, Bimssteine usw.) und Art, sie zusammenzufügen. Dieser Begriff wird ausgedehnt auf die Anordnung von Fliesen- oder Plattenbelägen.

Verbundplatten: Vorgefertigte Konstruktionsplatte, bei der sich eine Gipsplatte an der Vorderseite mit Glas- oder gedehnter Polystyrolwolle auf der Rückseite verbindet, so daß die Platte eine isolierende Wirkung hat.

Wasserwaage: Langes und gerades Instrument aus Metall (oder Holz), in das ein kleiner Glaszylinder eingefügt ist, der seinerseits Flüssigkeit enthält. Die waagerechte Lage des Flüssigkeitsniveaus zeigt die der Konstruktion an. Dieses Instrument ist manchmal mit zwei im rechten Winkel zueinander liegenden Zylindern ausgestattet; dadurch kann man gleichermaßen die senkrechte Lage nach demselben Prinzip überprüfen.

Winkelschleifer: Tragbare Elektromaschine mit Trennscheibe, die zum Zerschneiden gewisser Materialien (Ziegel, Fliesen usw.) dient. Man benutzt sie gewöhnlich zum Schärfen und Zerschneiden von Metallen.

Wolframkarbid: Extrem harter Werkstoff, der daher zur Herstellung von Schneid-, Schleif- und Metallbohrwerkzeugen verwendet wird (Bohrer beispielsweise).

Zementschlamm: Zementsorte, die zum Verfugen von Fliesen verwendet wird. Es gibt ihn in unterschiedlichen Nuancen, damit die Fugen mit dem Farbton des Fliesenbelags harmonieren.

Register

CALLWEY

Die Bücher.

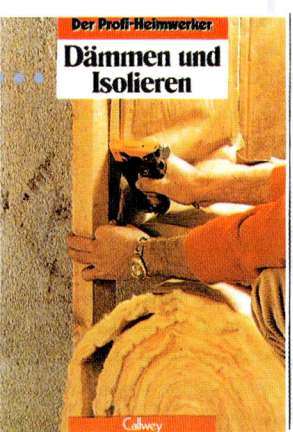

*I*solier- und Dämmarbeiten senken nicht nur die Heiz-kosten, sondern verbessern auch das Raumklima. Professionelle Arbeiten vom Keller bis zum Dach sind auch in Eigenregie ausführbar. Von der Dachstuhl-isolierung bis hin zur Fenster-abdeckung findet der Heimwer-ker hier eine praxisorientierte Anleitung für Werkstoffeinsatz und -verarbeitung.

Christian Pessey
Dämmen und Isolieren
2. Aufl., 128 Seiten, 305 Abbildungen. Broschiert.

DO IT YOURSELF!

Christian Pessey
Schreinern
2. Aufl., 128 Seiten, 285 Abbildungen. Broschiert.

*D*er fachgerechte Umgang mit Maschinen und Werkzeugen wird dem Profi-Heimwerker ebenso vermittelt wie alles Wissenswerte über den Werkstoff Holz. Zahlreiche Tips eines erfahrenen Möbelschrei-ners zum Renovieren alter Möbel runden dieses Thema ab.

Außerdem sind in der Reihe noch folgende Bau-Titel erschienen:
Bachläufe und Badeteiche • Grasdach und Dachbegrünung • Ein altes Haus wird renoviert • Ein eigenes Haus selbstgebaut in 1000 Stunden • Holzhäuser selber bauen • Mauern und Verputzen • Möbel für HiFi und PC • Wände verkleiden mit Tapeten, Paneelen, Kassetten

CALLWEY VERLAG
MÜNCHEN